MEIGUO LIANBANG ZIZHU GONGLU DE FAZHAN
YU JIANGUAN ZHIDU YANJIU

美国联邦资助公路的发展与监管制度研究

杨建平　田春林　主编

人民交通出版社股份有限公司
China Communications Press Co.,Ltd.

内 容 提 要

本书介绍了美国公路的功能分类、早期的美国公路发展、联邦资助发展州际公路、联邦公路信托基金、联邦资助公路政策的发展情况、联邦资助项目的监管机构设置情况、联邦资助项目的监管职责划分情况及预算授权情况等内容。

本书可供各级交通运输主管部门、公路管理机构、交通运输行业相关科研教学单位以及从业人员学习和参考。

图书在版编目(CIP)数据

美国联邦资助公路的发展与监管制度研究/杨建平,田春林主编. —北京 :人民交通出版社股份有限公司,2016.3

ISBN 978-7-114-12583-6

Ⅰ.①美… Ⅱ.①杨… ②田… Ⅲ.①公路—监管制度—研究—美国 Ⅳ.①U412.36

中国版本图书馆CIP数据核字(2015)第255808号

书　　名:美国联邦资助公路的发展与监管制度研究
著 作 者:杨建平　田春林
责任编辑:韩亚楠　陈　鹏
出版发行:人民交通出版社股份有限公司
地　　址:(100011)北京市朝阳区安定门外外馆斜街3号
网　　址:http://www.ccpress.com.cn
销售电话:(010)59757973
总 经 销:人民交通出版社股份有限公司发行部
经　　销:各地新华书店
印　　刷:北京鑫正大印刷有限公司
开　　本:720×960　1/16
印　　张:6.25
字　　数:77千
版　　次:2016年3月　第1版
印　　次:2016年3月　第1次印刷
书　　号:ISBN 978-7-114-12583-6
定　　价:45.00元

美国联邦资助公路的发展与监管制度研究

编　委　会

主　　编：杨建平　田春林

编写人员：韩红云　王利彬　邹光华　蒋桂芹

萧　赓　翁燕珍　安　平　孙志超

杨新征　姚春宇　宋婷婷　宋　嘉

前　　言

美国是世界上高速公路发展最迅速、公路路网最发达、公路基础设施最完善的国家之一。美国联邦政府在国家交通运输发展中发挥着重要作用。美国联邦政府在国家交通运输发展中的角色取决于联邦交通立法。联邦交通立法中的授权法案和拨款法案决定了美国联邦政府的职责、任务以及要为地方提供的服务。美国联邦资助公路与地面交通的授权法案由来已久，从1916年至今一直在完善法案。由美国联邦政府设立的“联邦资助公路”项目，是美国公路网的基础和重要组成部分；同时，美国联邦政府也通过对“联邦资助公路”项目的投资来体现其在公路建设上的指导方针和实现相关发展目标。美国“联邦资助公路”项目的资金来源于“联邦公路信托基金”，该基金是美国公路基础设施建设所需资金的重要来源。

美国联邦资助公路发展建立了一套完善的监管制度体系，非常值得我们学习。了解美国联邦资助公路的发展情况、跟踪美国联邦资助公路的监管制度及相关政策，有助于我国交通运输行业加强对发达国家公路管理制度的认识，借鉴其中科学的理念和方法提升我国交通运输行业的管理水平，完善交通运输行业相关管理制度。

《美国联邦资助公路的发展与监管制度研究》一书，系根据国家深化财税体制改革的形势需要，在继承以往相关研究成果并考察最新发展变化的基础上，经综合分析研究编纂而成，希望能为交通运输行业工作者深化行业改革和完善管理制度提供有益的借鉴和参考。

本书第一章由杨建平、安平执笔；第二章由韩红云、姚春宇执笔；第三章由杨新征、蒋桂芹执笔；第四章由王利彬、翁燕珍、宋嘉执笔；第五章由萧赓、孙志超执笔；第六章由田春林、宋婷婷执笔；第七章由杨建平执笔；第八章由韩红云、邹光华执笔；全书由杨建平、田春林统稿、审核。

本书是交通运输部科学研究院开展国外交通跟踪研究的系列成果之一。该书的主要内容来源于交通运输部科学研究院《美国联邦公路事权划分借鉴研究》课题研究成果。长期以来，交通运输部科学研究院开展国外交通跟踪研究，得到了交通运输部相关司局的指导和支持，得到了交通运输行业专家学者和广大同仁的理解与鼓励，在此表示衷心的感谢！

由于涉及国家较多，编写时间短促，纰漏之处在所难免，诚望各界专家、各位领导和广大读者批评指正。

编委会

2015 年 10 月

目　　录

第一章　美国公路的功能分类

公路功能分类是指根据公路所提供的交通服务特征，把它们分成不同类别，这是目前世界上不少国家普遍采用的一种公路分类方法，广泛应用于公路交通的各个领域。美国是较早进行公路功能分类的国家，1973 年《联邦资助公路法案》明确要求按照功能分类来更新和改变联邦资助公路系统。如今，美国的公路功能分类方法和实践已经十分成熟，并被广泛应用于管理权分配、投资决策、公路网规划、公路设计等公路交通发展的各个重要领域。

一、功能分类的概念

大多数的交通出行要通过相互依赖的公路网络，每个路段的交通流都要通过整个网络到达目的地。功能分类的概念，定义了一个特定路段在整个路网的交通服务中所发挥的作用。根据每个路段提供的出行服务特征，来确定该路段在功能分类层级中的位置。交通流正是通过这种层级结构，在路网中高效、低成本地通行。

公路主要服务于机动性和可达性两个交通需求。这两项功能通常位于公路功能连续体的两端，而大多数公路提供了这两项功能的结合。在命名方面，提供高机动性的称为“干线公路”，提供高可达性的称为“地方公路”，而那些提供机动性和可达性双重功能的称为“集散公路”。即干线公路主要提供机动性，地方公路主要提供可达性，集散公路二者兼之。

在认定公路功能分类类别过程中，除机动性和可达性两个主要因素外，还有一些其他重要影响因素：

(1)出行效率。人们在出行选择时，通常会选择少延误和行程短的路线。干线公路提供了这种服务，并通常采用完全（或部分）控制进出、没有（或很少）平行交叉路口的路线。因此，长途出行将主要发生在干线公路上，而短途出行则倾向于选择地方公路或集散公路作为主要出行路线。

（2）集散公路。顾名思义，集散公路从地方公路和干线公路“集散”交通量。集散公路路线通常比干线公路路线短，但比地方公路长。集散公路通常为居民区、商业区、工业区或市区内的车辆提供流通。

（3）接入点。干线公路主要服务长途出行，通常被设计成控制进出或部分控制进出模式，在有限的地点（通常在匝道位置）供车辆进出。在未提供进出控制的情况下，采用信号控制交叉口的方式控制交通量，给予干线公路更多的通行时间。

（4）速度限制。一般情况下，车速限制和功能分类之间存在关联。干线公路通常有较高的车速限制，因为较少的平交叉口，未设混合交通车道，则允许更高的车速，为车辆出行尤其是长途出行提供机动性。相反，由于地方公路主要提供可达性，沿途布满平行接入点、交叉路口和换乘点。由于交通转换频繁，为促进交通安全，车速限制通常保持在较低水平。

（5）线路间距。线路间距与整个路网的交通渠化概念直接相关。由于各种原因，让干线公路以最直接的方式或最短时间去满足各种出行的需求是难以做到的。理想情况下，在不同功能分类的路线之间应存在有规律的间距。干线公路的间距通常要大于集散公路，而集散公路的间距要大于地方公路。线路间距因地区不同而差异较大，在人口稠密的城市地区，所有类型的线路间距通常较小和更加一致。

（6）车道数量。公路是按其预期的功能设计和建设的。如果一条公路预期为干线公路，它将设计成为大容量和多行驶车道。一般情况下，干线公路比集散公路有较多的车道数，而集散公路比地方公路有较多的车道数。应当指出，功能分类和车道数之间的关系，城市地区强于农村地区。

（7）地区重要性。重要的公路连接着大型区域中心、承载跨地区的长途出行功能。干线公路主要承载着跨地区出行功能，而地方公路却很难承载这项功能。上述因素与三大功能分类之间的关系见表 1-1。

功能分类和出行特征的关系　　表 1-1

功能分类＼出行特征	线路长度	接入点	速度限制	线路间距	交通量	重要性	车道数
干线公路	最长	很少	最高	最长	最高	全州	较多
集散公路	中等	中等	中等	中等	中等	中等	中等
地方公路	最短	众多	最低	最短	最低	地方	较少

二、功能分类的标准

上述内容对公路的三大功能分类作了一般性分析。为说明联邦公路的功能分类,有必要对功能分类类别作进一步解析,分层次说明机动性和可达性功能的范围。

(1)州际公路。州际公路是干线公路的最高功能分类类别,其设计和建设主要考虑的是机动性和长途出行。自 20 世纪 50 年代以来,州际公路系统提供了一个最高级别的、控制进出和高机动性的分车道公路网络,连接着美国各大城市。

(2)其他高速公路。该类别的公路与州际公路非常类似,具有双向行车道,并由某种类型的物理障碍隔离,其进出点仅限在匝道位置或非常有限的平行交叉点。此外,这类公路的设计和建设,最大程度地提升了机动性功能,而不直接服务沿线地区的土地开发。

(3)其他主干线公路。这类公路服务大城市中心区,提供高度的机动性,也为农村地区提供机动性。不像其他控制进出的公路,其可直接服务沿线地区的土地开发。这类公路的进出形式,包括特定位置的车道和平行交叉口。在大多情况下,进入功能分类为这三个类别的公路,都提供了类似的服务。其主要区别在于,通常有多条干线公路服务于一个特定城市地区,从市区中心辐射周边地区。相比之下,土地面积相同的农村地区则由单一的干线公路提供服务。

(4)次干线公路。次干线公路服务中等距离的出行,服务区域小于主干线公路,并为主干线公路提供连通性。在城市地区,它们互连和增强主干线公路系统,提供社区内的连续性和支撑公交路线;在农村地区,次干线公路的空间排列与人口密度保持一致,确保发达地区的干线公路布局保持在合理的范围内。

(5)主、次集散公路。集散公路通过从地方公路收集交通量、从干线公路疏散交通量,在路网中发挥着关键作用。在功能分类中,集散公路分为主集散公路和次集散公路两类。对一个特定的集散公路路段,认定其为主要类还是次要类,是功能分类工作的一大挑战。在农村地区,集散公路一般主要服务县域出行,并且主要出行距离小于干线公路,因此可设置为更适中的行驶速度。

(6)地方公路。地方公路类占公路总里程的比例最大。除在出行起止点外,不用于长途出行。公交线路一般不在地方公路上运行。作为公共道路,地方公路更便于公众全天候使用。地方公路往往是按默认值分类。换句话说,一旦所有干线公路和集散公路已经确定,所有剩余的公路分类为地方公路。

基于出行服务特征,功能分类体系将公路分成一系列的分类类别。图1-1列示了美国公路功能分类的总体状况,首先按实现"进出"的状态,分为干线公路(控制进出)和非干线公路(自由进出)。表1-2列示了截至2013年美国公路里程发展分布情况。

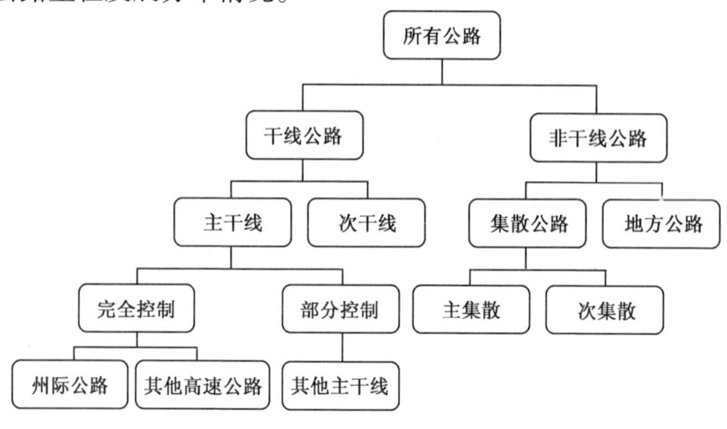

图1-1　美国公路功能分类

截至 2013 年底美国公路里程分布情况　(单位:公里)　　表 1-2

按功能分类划分	联邦资助公路					非联邦资助公路	总　计
	国家公路网			其他	小计		
	州际公路	其他	小计				
州际公路	76564	—	76564	—	76564	—	76564
其他高速公路	—	26296	26296	169	26465	—	26465
其他主干线公路	—	246790	246790	5740	252530	—	252530
次干线公路	—	12411	12411	380064	392474	—	392474
主集散公路	—	3391	3391	859548	862939	—	862939
次集散公路	—	25	25	8210	8234	422429	430664
地方公路	—	206	206	—	206	4581352	4581557
总计	76564	289118	365682	1253731	1619413	5003781	6623194
按所有权划分	联邦资助公路					非联邦资助公路	总　计
	国家公路网			其他	小计		
	州际公路	其他	小计				
州	72501	251207	323708	579082	902790	353479	1256269
郡、县	11	8497	8508	438762	447270	2444999	2892269
乡、镇、市	27	26730	26756	219679	246435	1890473	2136908
其他区域	4025	2232	6257	6443	12699	80244	92943
联邦	—	453	453	9766	10219	234586	244806
总计	76564	289118	365682	1253731	1619413	5003781	6623194

三、功能分类的程序

功能分类的程序既包括具体的技术工作,也包括相关的沟通协调工作。目前,各州均保持着与联邦功能分类体系相一致的路网分类。虽然也有一些调整,但绝大多数的功能分类依然保持稳定。因此,功能分类工作的重点,是监测功能分类类别的变化情况,这种变化可能来自新建、重组、延展、拓宽或重置。

(一)考虑因素

路网功能分类的主要目的,是用科学和有效渠化交通流的路网连接交通量发生源。功能分类从确认干线公路、集散公路和地方公路开始，交通量发生源的前景和规模从较大规模向较小规模变化。

在进行路网功能分类时，无论城市还是农村，都要遵循相同的基本程序。同时，由于两类地区在人口和土地开发强度方面存在差异，用于功能分类的程序和需要考虑的因素会有所不同。功能分类的程序包括指导原则、分配步骤和一些技术细节。

(1)交通发生源识别。农村地区的交通发生源包括人口中心和休闲区域。城市地区的交通发生源包括商业区、客货运枢纽、高校、综合医院、军事基地、体育场馆、展览中心和公园等。

(2)交通发生源排序。应根据交通量生成能力，首先将交通发生源分为城市和农村两组。对于相当重要且由主集散公路或更高层级公路服务的交通发生源，应归为5~8类。具有相同重要意义的交通发生源应属于同一类。这些类别用于认定连接公路的功能分类类别。当根据其重要性排序时，要考虑人口、税收、贸易、旅游及就业等因素。

(3)绘制交通发生源图。交通发生源应根据其所属的类别，使用不同尺寸和颜色的分级符号绘制分布图。这将产生一个可视化的排序，排名最高的发生源类应该用最大的符号来表示。

(4)认定功能分类连接交通发生源。为认定公路功能分类类别，从机动性最高的类别开始，首先认定州际公路类、其他高速公路类和其他主干线公路类，再认定次干线公路类和集散公路类(先主要、后次要)。然后，根据规定，地方公路将属于所有不属于干线或集散公路的类别。即首先以一个广泛的、区域性的视角认定主干线公路，然后逐层下移，以地区性的视角认定次干线公路、主集散公路和次集散公路。

1. 干线公路的考虑因素

干线公路类服务于一个广泛的功能范围，跨越“机动性—可达性”整个范围。用于认定干线公路类的考虑因素和经验法则是：

(1)对州际公路类和其他高速公路类，控制进出是最简单的标准，全部

（或部分）控制进出的公路基本属于干线公路类别。

（2）保持主干线公路类的连续性。主干线路线的连续性，从农村地区出发，然后进入和穿越城市地区。

（3）干线公路类应避免通过街区，经常作为不相容的土地用途间的缓冲区，并避免穿越居民区。

（4）城市地区的大部分高容量公路通常归为干线公路类。

（5）次干线公路通常会和所有其他类别的公路相交叉。

2. 集散公路的考虑因素

集散公路具有重要的可达功能，主要服务于地方公路和干线公路之间汇集的交通量。为弥补这一间隙，集散公路必须提供通达居民区的服务。当在主、次集散公路之间做选择时，应考虑下列准则：

（1）未认定为干线公路且连接通往干线网的大型交通发生源的公路，归类为主集散公路。主集散公路通常有较多的信号控制交叉口。

（2）主集散公路认定后，应为集中居住区认定次集散公路。

（3）在农村地区，次集散公路在人口密度相同的干线公路或主集散公路线路之间应该有大致相等的距离。

（二）地理信息系统

交通部门依靠各种最新的空间数据，指导公路规划、维护和运营管理工作。为实现功能分类，最重要的要素是要具备一份精确的基于地理信息系统（GIS）的资料清单。清单包含当前公路的功能分类和日交通量的预测值，据此预测出整个路网的总里程和总日交通量状况，从而为功能分类提供数据分析基础。

各州交通部门在州域交通规划中，需确定新的公路项目。为此，各州交通部门应采用 GIS 数据格式，保存相应的基本信息，如行驶里程、功能分类、车道数量和交通量预测值。此外，也应保存其他各种基于 GIS 的如土地开发、主要交通发生源和数字照片等功能分类评估过程中需要的数据信息。

为保证传统的表格数据和地理空间数据间的一致性，项目层面的基于GIS的资产管理系统正变得越发重要。一些州交通部门一直保存着包含公路众多属性（如车道、限速和功能分类）的表格数据。地理信息系统（GIS）可采用彩色编码的方式对路段予以确认和展示。

（三）需要协调的部门

无论是办理单个项目的功能分类变更申请，还是组织一个全州范围的功能分类综合审查，各相关规划部门都应参与其中，以确保他们对公路功能分类认定工作的支持。

1. 城市规划部门

城市规划部门是交通部门在城市地区的主要沟通协调对象。城市规划部门可以对其区域内的功能分类情况提出修订申请（或自己申请，或代表辖区成员）。对辖区成员提出的申请，城市规划部门要进行初步审查。通常情况下，各城市规划部门将提出的申请连同他们的推荐意见提交给州交通部门。在某些情况下，地方政府经城市规划部门同意后，会与州交通部门直接开展合作。

2. 州交通部门

为提高工作效率，各州交通部门要指定特定单位，负责维护功能分类的认定或修订。该单位要负责与联邦公路局的沟通协调工作，并成为州域功能分类的最终决定者，同时也要负责所有提交功能分类修订方案的审查工作。如果州交通部门批准一项修订方案，该单位应提交修订申请及与之配套的信息，供联邦公路局审批。在收到联邦公路局的批准后，州交通部门应通知给受影响的地方管辖部门。修订申请一旦获联邦公路局的批准，州交通部门即可修改功能分类信息的数据库，并更新其他辅助系统。

3. 郡县相关机构

郡县可提出城市规划区域以外但在其管辖内的功能分类的修订申请。城市规划部门规划区范围内的郡县，应与城市规划部门协调提出修订建议，并将修订建议提交给州交通部门。除了城市规划部门，郡县和州交通部门，其他地方政府和区域实体也可提交修订并参与更新过程。

（四）相关程序

路网功能分类涉及一系列审查技术和程序。在理想状态下，各州要评估其功能分类的持续性。因为新建项目和相关土地开发要提前几年进行规划，各州交通部门要预测与土地开发相关的功能分类调整。对各州交通部门而言，维护和更新功能分类的程序是明确的。联邦公路局要求各州交通部门要主导更新过程，并能发挥积极的领导作用。

1. 组织开展更新工作

（1）组建团队。组建一个功能分类审查小组，由各州和地区的规划部门组成，在联邦公路投资、公路设计、交通管理和城市交通规划方面的专家也要参与其中。审查小组负责审查来自当地规划部门的路网功能分类修订的建议。

（2）生成数据和地图。将批准的城市地区调整边界纳入项目地理信息管理系统，然后绘制成各种比例的功能分类图，包括州域、区域和县市等各种比例。

（3）沟通协调。联系各地方规划部门，说明最近的任务和要求。城市规划部门是关键的协作部门，而其他规划机构、郡县政府充当顾问。在许多地区，与当地规划部门建立联系是相当困难的，因此通常由各州交通部门负责审查功能分类情况。

2. 与当地共同审查更新过程

（1）为地方规划部门提供数据文件。为地方规划部门及时传送各种地图或用于绘制地图的 GIS 数据，主要包括数据格式、空间精度、更新流程和预计完成日期等方面的具体说明。

（2）与当地规划部门协作。必要时，各州交通部门要与地方规划部门合作，确保功能分类审查和修订工作能够满足预期要求。在城市地区，与城市规划部门的密切协作极其重要。通过城市规划部门主导的专题研讨会,对修订过程和交付时间表达成一致意见。虽然相关信息交流的具体细节会因不同的州而有所差别,但地方规划部门普遍希望核查当前的功能分类网络,在城市边界重新调整的背景下,对他们的区域公路功能分类提交一套修订建议。无论变化大小,都要对每项功能分类修订的建议提供充分的解释说明。

3. 功能分类更新

(1)收集、审查和整合修订建议。各州交通部门必须审查本区域的修订建议,在此要特别注意与区域边界分类的一致性、整体路线的连续性以及线路间距、里程和日交通量等方面的准则。此外,各州交通部门要与邻近州相互协作,以确保边界的一致性。

(2)提交修订方案。一旦各州交通部门审查通过了功能分类的修订建议,应该提交最终方案供联邦公路局批准。具体的数据传输格式,要由州交通部门和联邦公路局办事处联合制定。如果办事处对功能分类网络的修订建议存在异议,州交通部门和受影响的当地规划部门应当会商共同研究解决方案。

(3)录入系统。经联邦公路局批准后,有关公路功能分类的修订都要录入联邦公路局的地理信息系统(GIS)数据库。

四、功能分类的应用

交通部门围绕功能分类组织了许多行政管理、预算、经营和维护等工作。同时,功能分类成果也是数据管理和公路统计报告的重要组成要素。

(一)数据需求

来自联邦公路数据库的数据,是围绕功能分类进行统计的。该数据被用于许多方面,包括提交国会的报告、公路统计报告和研究报告等。对公路功能分类的修订,将使全国公路功能分类更加规范和准确。

（二）辅助用途

功能分类成果将会用于从公路设计到维护等各个方面。该层级体系将公路用途与交通部门需要处理的外部事务联系起来。公路功能分类往往是交通部门制定决策的重要影响因素。

（1）投资计划。在资金有限的情况下，功能分类往往决定着资金支出的优先次序。许多州交通部门制定了独立的投资计划，支持长途出行的公路系统，其中主要是主干线公路系统。

（2）资产管理。功能分类在交通资产管理中发挥着重要作用。交通部门通常要保护他们最重要资产——服务主要客货运输的基础设施。

（3）安全计划。功能分类被交通部门用来评估公路的安全性和实施安全提升计划。交通部门在评估事故率的过程中经常考虑公路的类型。典型的安全提升会因功能分类不同而差异很大。例如，与干线公路相比，减速或改进标识牌可能是减少地方公路交通事故的有效措施。

（4）公路设计。功能分类和公路设计密切相关。例如，较低级的公路具有较低的速度限制、较窄的车道和较陡的路线；而较高级的公路具有较高的速度限制、更宽的车道和较少的急弯。

（5）桥梁项目。功能分类往往对桥梁项目起着重要作用。例如，一些州已经设置门槛，如低交通量的地方功能分类的桥梁只能建单行道。

（6）交通控制。一些交通部门依靠功能类别，判定要采取最合适的交叉口控制措施。

（7）公路维护。功能分类往往对决定公路的大修周期起着重要作用，这与资产管理和确定项目优先顺序有关。公路功能分类也对一般维护和在恶劣天气下的除雪/除冰等工作产生影响。

（三）其他分类体系

虽然联邦公路功能分类在交通规划中发挥了重要作用，但在交通领域也出现了一个新的发展趋势,即开发新的分类类别用于公路功能分类。这一趋势的核心,是认为公路所发挥的作用远不止满足了交通的需求。公路是一个社会的基本骨架,并且是其他运输方式(包括步行、骑车和公共交通)的路径。

大多数州只用联邦公路局的功能分类体系,但也有一些州开发了可替代的功能分类体系,用于满足规划和工程的需求。开发替代分类体系,是为满足特殊类型公路或联邦资助系统之外的公路需要。如俄勒冈州交通部开发的功能分类体系包括以下 4 类:州际、州域、区域和地区公路。

随着新理念的不断制度化,交通作为一个整体特别是关于公路的不同远景到来了。这些新理念已从车的运动转向了人的运动。有些州开发了公路设计指南,从公路具体设计到项目开发过程等各个方面削弱了联邦功能分类体系的作用。

《马萨诸塞州交通部项目开发和设计指南》为公路设计提供了反映大范围土地开发和公路用户类型的需求选择,并在公路设计中有关进出控制、横断面、设计速度等方面提供了适度的灵活性。爱达荷州交通部提出:"街道应通过公路元素和功能方面的调整,融入周围的环境。"这种理念打破了公路设计传统的"一刀切"的做法,有效地支持了车辆的机动性。爱达荷州的新功能分类体系认识到了不同交通功能的重要性。越来越多的城市公路规划,打破了传统的"干线、集散、地方"的模式而使用了替代模式。这些新模式类型,对农村或城市结构进行了更细化的分类,注重了审美和对社区的关注,并明确说明了所有交通模式。

在功能分类背景下,新公路分类模式和设计选择并未局限在一些交通部门内部。在城市步行街道设计方面,交通工程师协会提出的环境敏感性解决方案,支撑和扩展了这种思维模式。此外,"通向可持续的干线街道"的概念和英国的街道发展指南,提供了公路分类的新方式,即通过设计选择支持短距离机动性和可达性,满足多模式交通需求。

（四）发展趋势

在交通行业正在发生着一个显著变化，即有关基础设施性能改善项目的发展方面。公路性能可以通过各种方面测定，包括机动性、速度、安全性和路面状况，也包括客运吞吐量和多个联运方式的适应性。越来越多地，公路所处的环境因素和特征，以及对公路性能（多项性能指标）的预期，正在推动公路提升项目的设计。简单说明公路的功能分类和应用了“单一标准”的方式，用于公路改造工程的设计标准的日子已经一去不复返了。

这场在交通规划领域有关公路功能分类的讨论，超越了传统“干线、集散、地方”的范畴，并且还会持续发展。在交通从业者中持续的讨论和研究，在国家层面，加深了这些替代体系对系统功能分类的相关影响和重要意义的理解。

第二章　早期的美国公路发展

一、早期的公路建设

早期来到美国的殖民者发现他们到了一个草木丛生、川流交错的荒野，在这片荒野上，布满了水牛迁徙、印第安人狩猎留下的足迹和小径，弯曲而又狭窄。后来由于殖民者需要使用骡马和运输武器，小径被拓宽和变直，这就是美国最初的公路。

到 18 世纪末，美国的大多数公路都是地方公路，连接农场到附近的村庄，而且大部分是拓宽了的小径，通常由当地居民建设和维护，居民因此而免缴相关税费。

1796 年，赞恩·埃比尼泽成功地向国会申请授予土地，作为交换条件，他要修建公路和渡口。赞恩修建的"公路"（小径），即众人皆知的"赞恩足迹"，后来经俄亥俄州政府扩宽和提升，成为国家公路的组成部分。

作为杰斐逊政府的财政部长，阿尔伯特·加勒廷提议豁免各州的联邦土地销售税，从土地销售收入中提取一定比例用于公路建设。国会在 1802 年通过的《俄亥俄州建州授权法案》采纳了此建议，规定俄亥俄州从出售公共土地的收益中提取 5% 用于公路建设。1803 年，将此规定修正为提取 3% 的用于州内公路建设，2% 用于进、出州的公路建设。这种形式的联邦资助，后来扩展到各个州。

1807 年 3 月，参议院要求加勒廷部长准备一份关于美国公路和运河发展状况和建议的报告。加勒廷部长于 1808 年 4 月 4 日将报告提交给国会。加勒廷在报告中写道：

联邦政府早期有效的资助，依然是重要的考虑因素。良好的公路和水运设施将缩短距离,促进商业和人员的往来与融合,将全国即使是最偏远的地区变成一个更亲密的利益联盟。在政府的权力和能力中,没有其他任何的做法,可以更有效地加强和巩固这一联盟,从而保证国家独立、和平和自由。

该报告建议由联邦政府出资,建立一个相互连通的公路和水路运输系统。但该建议计划在国会以违反宪法、预算和部门利益为理由予以反对,而未能实施。

1806 年 3 月,杰弗逊总统签署了《坎伯兰公路法案》。在参议院的同意和建议下,总统委派 3 名专员设计和建造了一条公路,始于马里兰州坎伯兰郡波托马克河的起航点,止于俄亥俄河的一个航运点。该项目建设资金来源于俄亥俄州的 2% 基金(即州公共土地销售收益的 2%),项目建成后命名为"坎伯兰公路",即著名的"国家公路"。

1816 年,麦迪逊总统提议使用联邦资金提升各州内的设施(包括公路),并提议修订宪法、以允许联邦政府筹集资金建设这些项目。1817 年,国会批准了一个通过美国银行的股息收入为州内设施提供资金的法案。麦迪逊总统在他任期的最后一天(1817 年 3 月 3 日)否决了这个法案,因为没有修订宪法。

坎伯兰公路建成多年后,由于承载繁重的运输任务和维修资金不足而严重恶化。由于公路的恶化,国会于 1822 年通过立法,授权联邦政府收取用于维护的通行费。詹姆斯总统否决了该项立法并陈述了他的否决理由:收取通行费意味着主权权力,而宪法并未赋予联邦政府这样的权力,公路建设和维护资金应该由国会提供。

1828 年杰克逊当选总统后,他对州内设施的提升提出了一个新理念。当国会要立法通过收取通行费的方式扩建坎伯兰(国家)公路时,杰克逊提出了否决意见,理由是州内设施的提升是各州的内部事务。在 1831 年和 1832 年,马里兰州、俄亥俄州、宾夕法尼亚州和弗吉尼亚州议会,同意接受和维护属于他们自己的"坎伯兰公路"路段。

杰克逊认为联邦政府已经对全国各地区进行了完全授权,各地区可不受限制地提升其内部设施。因此杰克逊主政时期，有更多的联邦资金用在了州内部设施提升项目上，并超过了以往各个时期的总和。

二、公私合作建设收费公路

美国独立战争后，联合政府意识到西部开发和发展贸易对新国家的重要性。由此开始了公路大建设、大发展的时代。这一时期以收费公路公司的发展为标志。1792 年，美国第一条收费公路开始建设，即著名的宾夕法尼亚州费城至兰开斯特收费公路，也是美国第一条由碎石铺设的公路。在收费公路发展的高潮时期，康涅狄格州有 50 多家收费公路公司，纽约州有 67 家，其他的分布在马萨诸塞州等地区。其中著名的波士顿至纽伯里波特收费公路，全长 32 英里，建设成本为 1.25 万美元/英里。

在 18 世纪末和 19 世纪初，由于未得到联邦政府对公路的显著支持，许多州政府通常鼓励私人公司投资修建收费公路。收费公路建设自 18 世纪 90 年代末开始，持续到 19 世纪中叶（其中，19 世纪 30 年代约中断了 10 年）。到 1830 年，超过 8000 英里的公路已建成或在州政府的批准下转变成了收费公路。这些收费公路通常在财务上是失败的，除非它们连接的是两个城市或是农场（或工厂）到市场的路线，有足够的交通量能覆盖成本。尽管存在财务上的困难，收费公路无疑是国家最好的公路，在城市和大城镇间的中短途运输中发挥着重要作用。然而，随着铁路网的快速发展，收费公路几乎失去了所有的客货运业务。当长距离的收费公路失败后，短距离的收费公路发挥着铁路支线的作用。

到 1900 年，大多数收费公路公司已经停业。州和地方政府接管了其中的一些公路，承担起了维护责任。然而对于大多数公路，收费公路公司在面对财务困难的情况下，干脆停止运营、放弃了自己的公路。由此产生的认识上的混乱，导致后来收费公路往往被轻视。以至于在 19 世纪末的州收费公路立法中，通常包括这样的条款：当收费公路公司解散时，由州或地方政府承担责任的有序转移。

联邦财政资金投入包括公路在内的"州内设施"的障碍，主要包括法律问题、预算约束和地区间的竞争。美国联邦政府的预算，依赖于关税收入并且按现在的标准衡量规模很小，有人担心对公路建设的承诺会压垮预算。此外，地区间的差异和竞争也是主要的障碍因素，因为担心联邦建设公路将更有利于其他州或地区的发展。

三、"好路运动"

19 世纪 80 年代末，随着现代自行车和充气轮胎的发明，自行车迅速流行起来。但当时较差的道路条件，使得骑自行车很费力且危险。骑车人组织的不断成长，导致在 1892 年成立了"国家好路联盟"，其目的是领导"好路运动"和促进各级政府改善道路条件。据报道，农民认为他们不应该缴税，而应该像城市居民一样可以在乡村享受骑自行车的乐趣，但他们并不是这场好路运动的首先发起者。正在发展的农村免费送货业务，使得农民开始参与推进道路的改善。"好路运动"对在州层面设立公路管理部门产生了深远的影响。

1893 年 3 月 3 日，本杰明·哈里森总统签署了 1894 年的《农业部拨款法案》。该法案授权联邦农业部 1 万美元的拨款，用于研究公路建设和管理。拨款给联邦农业部，是因为认为许多农民没有能够及时把粮食运送到铁路站点或附近的城镇，是由于道路条件不好所致。联邦农业部为此设立了公路调查办公室对此进行研究。

设立后的几年内，公路调查办公室的工作主要是收集相关数据和信息，通过讲座、出版物和研讨会开展宣传，但在 1896 年增加了一个新项目：使用捐赠和借进的劳工及其他资源对公路进行了短距离的建设延展。这个项目唯一的联邦支出，是公路调查办公室聘用的设计和监督专家的工资及费用。1899 年公路调查办公室更名为公共道路调查办公室。1901 年联邦政府增加了对公路的拨款,并且以后每年都在增加,到1912年拨款超过了16万美元。1905年,国会创建了公共道路办公室,“对道路建设提供专家意见,在几个州研究筑路技术和材料,研究筑路材料的化学和物理特性。”同时,国会已开始关注联邦资金投入州内道路的合宪性问题。但国家好路联盟、美国公路建设者、美国公路协会等,一直希望获得立法增加联邦对公路的资助。

1913年的《邮政部拨款法案》,授权拨款50万美元给农业部连同邮政总局,资助农村地区邮政公路的改善。该法案规定,该项资金可用于同意支付2/3建设成本的州或地方政府,但没有具体说明资金在州之间如何分配。最终,13个州和28个县参与其中,修建了大约455英里的公路。这项立法的实践使公共道路办公室认识到,联邦资助资金应该仅仅到州层面,而不应该到县。该法案还为成立联邦资助邮政公路建设联合委员会,考虑公路维护问题做了准备。1914年11月25日,该委员会发布了一份名为《联邦资助好路》的报告。报告没有提出具体建议,但呼吁国会应该给予更多的联邦资金支持公路建设。州公路官员们于1914成立了美国州公路官员协会(AASHO),为联邦政府在立法、技术和与公路有关的经济主题提供帮助。

随着1914年7月第一次世界大战的开始,欧洲列强开始从美国购买大量的物资。越来越多的物资要运输到美国和加拿大的港口,从而导致国家铁路系统的超载。这种对物资快速运输和现存公路网的持续增加的需求,促进了道路货运业的快速发展。1916年4月6日,美国加入了第一次世界大战,道路货运的规模急剧膨胀。

在1914年和1915年期间,由于重型货车使用的不断增加,国家公路状况迅速恶化。对此,美国州公路官员协会起草并提交给国会一个提案。提案只有4页的篇幅,呼吁增加联邦财政资金资助公路。

四、第一次世界大战后的收费公路发展

第一次世界大战使人们认识到公路的重要作用,特别是在制造业中心地

区。1921年美国国会颁布了《联邦公路法案》，批准联邦为各州的公路建设提供资金支持。同时，也意识到有必要对全国范围内的公路系统进行有效连接。到20世纪20年代末，超过一半的美国家庭拥有了汽车，特别是像纽约、波士顿、洛杉矶和旧金山等大城市，对公路、桥梁、隧道的需求非常大。因此，通过征收通行费筹资的做法应用到了很多公路建设项目上。如：纽约市的荷兰隧道收费项目在20世纪20年代中期竣工通车，打通了通往纽约市中心的路线，被称为"世界第八大奇迹"。20世纪30年代，旧金山市建设的金门大桥收费项目，为跨越海湾进入旧金山市打开了通路。

五、第二次世界大战后高等级收费公路的发展

第二次世界大战使人们对公路的重要作用有了新的认识，即公路系统具有的重要国防作用。第二次世界大战结束后，美国城市郊区的汽车使用量不断增加，汽车使用不仅包括工作出行，还包括社会活动和休闲度假。第二次世界大战结束后不久，一些州认识到需要建设高等级的公路系统。宾夕法尼亚州首先成功地建设了高等级收费公路。在1945年到1955年的10年中，许多州（主要是美国北部和东部地区）开始建设辖区内的大通道公路收费项目。

第三章　联邦资助发展州际公路

一、州际公路理念的提出

实际上，到20世纪30年代末，建设横贯大陆的州际高等级公路的压力已经不断增大，甚至影响到了白宫。罗斯福总统多次提出建设一个收费的高等级公路网，作为解决就业问题的一种手段，并提出了“三纵三横”收费公路网。

1938的《联邦资助法案》，要求公共道路管理局研究“三纵三横”收费公路网的可行性。随后，相关的专题研究报告《收费公路和免费公路》（1939年）结论是：“三纵三横”路线的交通量不足以支撑一个收费公路网，提出了发展4.3万公里的区际免费公路网发展的总体规划。报告建议：建设“直接的区际公路系统，连接所有必要的城市，满足战时国防的需要以及和平时期日益增长的长距离交通需求”。然而随着欧战临近，大规模公路建设的时机尚未到来。

1941年4月，罗斯福总统委派一个国家区域公路委员会，调查对国家公路系统的需求。1943年1月发布的《区际公路》报告，细化了有关免费公路的概念，提出了建设6.3万公里区际公路系统的设想，其设计要能满足20年的交通需求，并详述了城市高速公路对未来城市发展可能产生的巨大推动作用。

1944年的《联邦资助公路法案》授权了一个6.5万公里的“国家州际公路系统”，由各州公路部门选择路线：……所有路线尽可能地直接连接主要都市、城市和工业中心，服务于国防，重要州际路线连接到加拿大和墨西哥地区。虽然法案授权了州际公路系统，但没有授权特别资金增加联邦投入。

随后，公共道路管理局与美国州公路官员协会（AASHO）协作，制定州际公路系统的设计标准，1945 年 8 月获得批准。整个州际公路系统没有采用统一的设计标准，而是在交通量、人口密度、地形地貌等因素相似的地区，采用了统一的设计标准，设计服务于未来 20 年的交通需求。大多数路线采用了四车道和完全控制进出方式，但在交通量较低的地区，采用双车道、有限控制进出和公铁平交。

1947 年 8 月，公共道路管理局发布了第一个 60640 公里的州际公路的总体布局方案，包括 4638 公里的城市道路，另外保留了 3732 公里的城市环线、射线路线留在以后设计（1955 年 9 月完成）。但并没有提及建设州际公路所需的资金问题。

二、大规模建设的开始

1952 年的《联邦资助公路法案》授权 2500 万美元用于州际公路建设，联邦和州各出资 50%。这是第一批专门为州际公路建设的联邦拨款。到 1953 年艾森豪威尔总统上任时，各州共完成 10327 公里的系统改进，仅占州际公路系统规划的 24%，总投入 9.55 亿美元，其中一半来自联邦政府。

1954 年的《联邦资助公路法案》授权州际公路系统 1.75 亿美元，联邦和州的出资比例为 6:4。资金分配：一半基于人口，另一半基于联邦资助的基本公式（1/3 基于公路里程、1/3 基于土地面积、1/3 基于人口）。

1955 年 2 月，艾森豪威尔向国会提交了一份报告，他认为“针对国家公路模式的各种各样的意见必须要解决，要提出一个切实可行的方案”，另外他说：“作为一个统一的国家，是靠思想的自由交流、人员和货物的便捷流通而维系的。通信和交通的合力是统一国家的动力源泉，没有它们，我们将仅仅是一个许多相互独立地区的联合。”

1954 年 7 月，副总统尼克松请各州州长们协助总统制定一个合理的公路系统规划。各级政府将改善其道路，以解决国家公路网存在的突出问题，而联邦政府重点关注州际公路。根据当时的测算,整个州际公路系统将耗资270亿美元。总统青睐建设收费公路,也有机构建议设立一个联邦公路公司发行250亿美元的债券支付90%的建设成本,用当时2美分/加仑的联邦汽油税(进入一般财政预算而与公路支出无关)偿还30年的债券。

后来经过激烈的辩论,1956年6月,参议院以89票对1票批准了州际公路系统的预算(1个反对票来自参议员罗素,他长期反对增加汽油税)。同一天,众议院也全票通过批准州际公路系统的预算,授权250亿美元在1957~1969年供建设使用,联邦政府的支出比例为90%。同时,在汉弗莱财政部长的建议下,使用社会保障信托基金的模式建立公路信托基金。公路使用者的税收收入纳入公路信托基金,专门用于州际公路系统和其他联邦资助的公路和桥梁项目。

1957年8月,美国州公路官员协会(AASHO)提出了州际公路的编号方案,推出了红色、白色和蓝色的州际公路标志。路线标志和编号方案在9月获得批准。从此,州际公路的大规模建设正式开始。

第四章　联邦公路信托基金

联邦信托基金是美国联邦为具有长远目标的项目而建立的资金保障机制，是联邦预算管理的一项重要制度安排。信托基金最主要的收入来源是特定的专项税收，如工薪税、燃油税等。信托基金专门用于指定的项目或用途，遵循“量入为出”的支出原则。

至今美国已有150种左右的信托基金，占据联邦预算大约40%的份额，主要有社会保障信托基金、医疗保险信托基金和公路信托基金。

联邦公路信托基金根据1956年《公路税收法案》设立，是联邦专门用于公路发展的信托基金。和其他信托基金一样，公路信托基金是依法建立起的一种资金保障机制，确保州际和国家公路系统建设、养护等资金需求。公路信托基金的收入来源主要是公路使用者税，主要包括燃油税、轮胎税、卡车、拖车税等。公路信托基金对于美国公路发展，尤其是州际公路的建设和发展起到了至关重要的作用。

然而，随着1956年《联邦资助公路法案》的签署，采取了税收制度为州际公路建设筹集资金，有关公路收费的建议均被叫停了。1963年启动了法案颁布前规划的最后一批收费公路项目。

一、设立信托基金的起因

根据美国的政治体制，其各项重大政策措施都要通过设立一部法案或通过对原有法案的修正来确立和组织实施。授权法案是其中的一种形式，一般用于建立或延续一个有效期固定或不固定的联邦机构、专项活动或计划。公路信托基金设立前，联邦政府对公路项目的投入，主要由财政一般预算资金提供。1916 年颁布的《联邦公路授权法案》，开启了美国政府对国家公路建设的政府责任序幕。1930 年后，美国处于第四次经济危机低谷，罗斯福总统执行新政，为建设公路从国家财政增拨了大量资金。1938 年联邦政府提出建设总长度约为 4.1 万英里的跨区域公路系统（洲际公路）的设想。由于第二次世界大战，公路投资工作于 1941 年中止，后又于 1946 年重新开始。

第二次世界大战后，美国经济强劲增长、城市化进程迅速，而公路由于车辆的迅速增加、车速的提高、人口膨胀及道路设计跟不上时代要求，开始大量出现拥堵、安全方面的问题。同时也暴露了由财政提供一般预算资金投资公路的弊端：**不仅无法保证资金额度，更为重要的是其不具有长期性、稳定性，与公路事业发展的长期性相矛盾**。在此时期，美国提出建设贯通大陆的州际公路计划，由于财政预算支持能力有限，加之公路项目建设成本上升，建设资金不足，到 1953 年年底仅完成计划中 4.1 万英里公路的 24%。1956 年，《州际和国防公路计划法案》获得国会通过。在此背景下，为州际和国防公路建设筹集资金的问题愈加迫切。

二、被否决的三种方案

面对州际和国防公路建设的筹资困境，在采用信托基金之前，国会曾考虑和否决了普通税收、通行税和债券三种方案。

（1）普通税收。轮胎制造商、汽车联合会和石油行业，坚持公路系统建设所需资金应由普通税收收入提供，理由是公路通过经济增长和改善交通使整个社会受益。但当时这些行业没有足够的力量通过一个庞大的公路计划而不增加特别的税收。

（2）通行税。20 世纪 50 年代，通行税成为美国许多州公路系统建设的主要资金来源，因此通行税筹资成为一个重要的备选方案。但反对者称通行税影响经济效率，并且当时美国的法律规定公路免征通行税。此外联邦公路管理局认为利用通行税为横穿大陆的公路系统筹资在管理上是不可行的，同时通行税还遭到了汽车协会和许多西部州和地方官员的反对。

(3)债券融资。1955年,一个总统特别委员会建议组建一个新的联邦公路公司,通过发行30年期债券为州际公路建设筹资。债券由联邦燃油税和轮胎税的收入偿还。债券筹资方案优点有:一是不需要增加税收;二是政府债务的最高限额不会因此而增加,因为公路债券将记在一个独立的公司名下。但国会最终否决了这一建议,原因是建立一个独立的联邦公路公司会削弱他们对项目的控制权,另外,立法界认为债券融资的建议对联邦预算制度构成了威胁。

三、信托基金解决方案

法律制定者追求这样一种财政设计:一是能够锁定公路支出;二是避免负债筹资;三是保持国会对项目的正常控制,只有信托基金满足所有这些条件。信托基金充分体现了使用者付费的公平原则,既可保障公路建设的专款专用,也可以使资金安排在国会的控制之下。

1956年,国会通过了《联邦资助公路法案》和《公路税收法案》,设立了联邦公路信托基金。由此改变了过去由一般财政资金投资公路项目的做法,并提出规划州际和国防公路系统和制定设计标准,明确按9:1的比例由联邦和州共同承担州际公路的建设费用,计划建设连接有5万人口以上城市、服务于全国约6.8万公里的公路网。同时车辆相关税收从总税收中独立出来,其中约70%的车辆相关税收收入用于公路建设。

1957年州际和国防公路系统正式投资建设。此后美国进入了公路尤其是高速公路建设和大发展时代。公路信托基金成立后,加强了对公路的投入力度。在州际公路投资中,联邦投资份额由50%提高到90%,联邦每年在公路项目的投资由基金设立前年均25亿美元增长到1956年的120亿美元,实际增长380%。

四、信托基金制度中的“信托”理念

公路信托基金中的“信托(Trust)”一词,来源于私人信托,即一种委托代理关系(受托人为受益人的利益而持有财产)。公路信托基金作为公共信托,被看作是政府与公路使用者之间建立的一种“契约”关系。例如,美国住房公共工程委员会主席 Bud Shuster(共和党)曾声称:公路信托基金的使命“就是一份政府和美国旅行者公众之间订立的合同”。一些非常相似的属性,使得私人部门具有吸引力的信托制度设置,也在公共部门得到推行。

公路信托基金中的“信托(Trust)”理念,体现了联邦政府的三重政策承诺:一是公路使用者税专门用于公路建设,从而保障公路建设资金来源的长期性、稳定性,降低了政策的不确定性;二是国会放弃了将公路收入作为其他项目资金来源的诱惑,并使税率保持在公路项目成本所必需的水平上;三是避免负债和依靠一般税收收入的承诺。

虽然公路信托基金中的“信托(Trust)”理念,承诺了公路使用者税收收入专门用于公路建设发展,但要保持这种“专用”是何尝不容易,即使在基金设立的初期也是这样。

五、信托基金制度遇到的挑战

1956 年,公路信托基金设立伊始,就受到了政治家、利益集团的关注和“垂涎”。同时,信托基金似乎建立了一个公路“自治”的财政系统。因此,公路信托基金一直受到来自各方的挑战。这种挑战试图从两方面削弱公路信托基金的“专用”和融资上的“自治”:一是把信托基金的收入转移到非公路的用途;二是降低信托基金自主支出的程度。最终,虽然挑战者赢得了几个暂时的胜利,但信托基金的基本结构却得以保留,甚至在州际公路建设完成后仍然得以保留下来。

(一)利益集团和观念的挑战

1.航空委员会

美国退伍军人航空委员会,是第一个试图分享公路信托基金“一杯羹”的集团。航空委员会提出,从公路信托基金中提取部分资金用于小型机场建设,这样可以通过延伸航空的范围促进国家经济发展。最终航空委员会的提议没有被采纳。针对此,1970 年经尼克松总统提议、国会批准设立了航空信托基金(AATF)。

2.联邦劳动部

根据 1956 年的公路授权法案,联邦劳动部负责洲际公路建设中的工资制定和管理工作。劳动部提出,由于洲际公路建设给他们的管理增加了工作量,要求从公路信托基金中每年提取 36.5 万美元作为人员工资和办公经费。最终经过国会的反对与妥协,要求提取的经费由 36.5 万美元降到了 20 万美元。联邦劳动部成功地分享了公路信托基金的“一杯羹”。

3.环境保护运动

20 世纪 60 年代,美国兴起的环境保护运动把州际公路建设与破坏自然环境、空气污染联系在一起。城市居民抗议公路建设使房屋所有者不得不搬迁,还干扰了商务活动和当地社区。“环境保护运动”使包括芝加哥、旧金山和西雅图在内的美国大城市的公路建设停了下来。

4.公共交通

到 20 世纪 70 年代早期,公路信托基金的未来似乎越来越不确定。在一场将信托基金开放到其他交通用途的运动中,公共交通的支持者与环境保护主义者、市民组织联合起来。一位民主党参议员说:公路项目已经完全失控,公路信托基金应该尽快终止。公共交通的支持者宣称:公共交通的支出将缓解交通拥堵,使公路使用者受益。尼克松总统支持立法给予各州使用部分信托基金建设城市公共交通的权利。总之,公路信托基金制度在 20 世纪 70 年代初在新观念和众多问题的压力下破碎了。

经过激烈的争论，国会于 1973 年勉强批准了一项措施，允许城市将 10% 的公路信托基金用于城市公共汽车和轨道交通。1982 年，国会批准并且由里根总统签署的一项法案，在增加的每 5 美分燃油税中拿出 1 美分（在公路信托基金账户内）创建一个公共交通专用账户，另外 4 美分留给公路系统。这次燃油税的提高能使公路支出在 1983 ~ 1985 年间增加 44%。总之，公路信托基金在利益集团和观念的挑战下，通过制度重新设计，不仅渡过难关，而且更加兴旺发达了。

（二）政府的挑战

1956 年以来，公路信托基金制度方面一个连续不断的主题是：总统内阁要求收回被信托基金结构所否定的灵活性。

1. 企图挪用

甚至艾森豪威尔总统（公路信托基金之父）也发现公路信托基金的僵化刻板是一件令人讨厌的事。当他的内阁试图用燃油税的一小部分支付为公路项目计算联邦规定的工资成本时，公路使用者组织激烈地抱怨，国会只好终止了这种做法。肯尼迪和约翰逊的内阁提出的，把信托基金用于公共土地公路和用燃油税进行公路美化两项类似的企图也被国会否决了。

2. 强制扣留

当这些温和的财政控制的行政手段失败后，总统们转向了更强硬的政策：扣留。1966 年，约翰逊内阁为控制越南战争造成的通货膨胀冲击而拒绝支付先前承诺的 11 亿美元的公路基金。内阁司法部长声称：公路信托基金与普通拨款没什么两样，总统有权利扣留。但国会不这样认为，当时的参议院商务委员会主席陈述道：这些基金存放在财政部是为了保持信用，从某种意义上说它们不是政府的基金，而是人民的基金。

尼克松执政时期，关于扣留的论战进一步升级。1972 年，作为向国会争取财政权力活动的一部分，尼克松撤销了 25 亿美元的公路基金。被尼克松的行为所激怒，一些民主党参议员起草法律文件挑战总统扣留公路基金的权威。美国第八地区巡回法院 1973 年做出裁决，内阁的确违反了法律，国会取得了重大胜利。1974 年颁布的《国会预算和扣留控制法案》使得扣留的时代终结。

3. 预算控制

在 1974 年《国会预算和扣留控制法案》立法过程中，没有任何迹象表明国会要削弱公路信托基金的自治性。事实上，国会还有意使公路信托基金不受法案的限制。但新法案的实施无意中提供了一种程序，使拨款委员会能够对信托基金的支出水平进行控制。结果是新法案限制了每年公路建设的投资总额。

（三）燃油税转为一般预算的行为

20 世纪 80 ~90 年代，政府巨额财政赤字增强了政策制定者为公路建设以外的项目而提高燃油税的意愿。1990 年国会批准的《预算综合调整法案》，首次改变了专项税收原则，将增加的 5 美分燃油税中的一半纳入了一般预算，用于消减财政赤字。1993 年的预算法案更为彻底地打破了过去的惯例，把 4.3 美分的燃油税增加收入全部纳入了一般预算。后来，2004 年的《陆路运输延展法案》又将 1990 年和 1993 年纳入一般预算的燃油税收入划回了公路信托基金。

此外，1990 年的《预算执行法案》对公路信托基金的完整性产生了更大的破坏。该法案把联邦预算分成了两部分：自主支出（由年度支出上限控制）及法定支出和收入（由分期付款规则控制）。公路信托基金的支出属于自主支出，因此受到支出上限的限制，而其收入则由分期付款规则控制。

（四）国会的关键保护作用

美国国会保护公路信托基金以避免行政挪用的能力与其他国家中专用的道路基金的经历形成了鲜明的对比：法国在 1952 年也建立了一个专用的

公路基金——道路投资准用基金，接受一部分汽油税。但强大的财政部很快就将它的收入用于其他项目。

英国1909年建立了道路基金接收“被抵押的”燃油和机动车辆税。但此后的财政部长们不断挪用该项基金，财政大臣 Winston Churchill 抨击这种把公路使用者和政府绑在一起的主张，认为显然是“荒谬的”。汽车使用者组织和议会成员激烈反对这些举措，但财政部对财政力量的垄断使他们无法采取有力行动。英国道路基金最终被废除。

总之，行政部门总是试图挪用专用的公路基金而立法机关力求阻止他们，这是再寻常不过的事了。对美国公路信托基金而言，不同之处在于立法机关有能力保护基金的基本结构。

六、信托基金制度的调整和完善

1. 冰茶法案 ISTEA

20世纪90年代初，州际公路建设基本完成。在公路信托基金的存废上曾引发激烈的争议。后来，由于庞大的公路养护与公路安全需要进一步改善，1991年国会批准了《陆路多式联运效率法案》(ISTEA)将公路信托基金继续保留下来，并被赋予新的用途与使命：由原先的主要投向于公路建设，逐步转变为公路建设与养护、安全条件改善、支持陆路运输发展等领域。

2. 续茶法案 TEA-21

1995年国会批准《国家公路系统设计法案》，规划了包括州际公路在内的25.9万公里公路作为“国家公路系统”，并由联邦资助。1998年美国高速公路里程已达88727公里，约占全国公路总里程的1.4%。1998年6月国会批准的《21世纪运输平衡法案》(TEA-21)提出：不仅要在公路、桥梁方面进行投资，还将在公共运输系统、联合运输和智能运输系统等先进技术领域投资。

以上两部法案使得公路信托基金得以延续，法案内容也从投资公路建设,转向重视资金使用绩效,强化更加安全、减少拥堵、提高交通可靠性等更加丰富的发展内涵。

3. 露茶法案 SAFETEA-LU

2005 年布什总统签署《安全、可靠、灵活、高效的运输衡平法案:留给使用者的财产》(SAFETEA-LU)。与之前相比,公路信托基金在运作目标上有了新的变化:提供充足的公路养护管理资金,确保公路系统保持良好的服务水平;充分重视对公路交通安全的改善。

4. MAP-21

2012 年奥巴马总统签署了《在 21 世纪中前进法案》(MAP-21)。MAP-21不仅提出了交通发展所需资金,更重要的是为联邦投资公路建立了国家绩效目标:安全、基础设施条件改善,拥挤减少、系统可靠性、货物运输与经济活力、环境可持续性、减少项目交付的延误等。

七、信托基金的困境与未来选择

1956 年以来,联邦公路交通项目支出主要是通过缴入公路信托基金账户的燃油税收入提供的。随后,由于汽车保有量的增长、燃油税收入不断增长,公路信托基金账户的资金量也不断增长,由此满足了过去几十年公路交通项目支出的需要。但信托基金收入增长的势头在 2008 年终止了。过去几年里,公路信托基金的收入与支出需求之间一直存在着较大的缺口。

出现资金缺口并不意外。早在 2005 年之前(SAFETEA 法案筹划期间),就有相关部门向国会建议改革公路交通项目及其投资机制。然而直到今天,国会在公路交通项目筹资方面仍没有大的改变,只是批准了从一般预算资金拨款到公路信托基金账户(MAP-21 法案)。这种资金需求与资金来源不匹配的问题,可能在 2014 年后的授权法案中作为重点问题予以解决。

（一）公路信托基金的"困局"

公路信托基金由公路账户和公共交通账户两部分构成。目前，基金账户的主要收入来源为18.4美分/加仑的汽油税和24.4美分/加仑的柴油税。虽然信托基金还有其他的收入来源（如货车登记费、货车轮胎税以及基金账户余额的利息收入等），但燃油税提供了基金90%的收入来源。公共交通账户接受了2.86美分/加仑的燃油税，其余的收入基本进入了公路账户。另外，还有0.1美分/加仑的燃油税进入了地下储油罐泄漏信托基金。

自1956年公路信托基金设立以来，燃油税税率增长过4次，分别发生在1959年、1982年、1990年和1993年。最近两次增长的主要原因是为了消减财政赤字。因此，税收增量的绝大部分缴入了财政一般预算资金账户。直到1998年，经过国会的力争，所有的燃油税收入才又重新并入了信托基金账户。

1993年后，燃油税税收结构的一些调整引起了信托基金收入的一定增长。如：2004年的就业创造法（Jobs Creation Act of 2004）的实施，通过改变酒精汽油税的构成，增加了信托基金的收入。2005年SAFETEA法案通过解决逃税问题而衍生的相关收入也支撑了信托基金。同时，SAFETEA法案还提供了与交通运输活动相关联的一般税收收入对信托基金的支持。在SAFETEA法案时期税收结构的变化，曾经被认为是导致信托基金账户出现125亿美元盈余的主要原因。更为重要的是，当时普遍认为经济的预期快速增长，将会提供充裕的资金支撑公路交通项目。但事实证明，这种预期是大错特错了。

由于过度乐观的估计而导致的账户亏空，只能通过一般预算资金来弥补。2008年国会批准向信托基金公路账户拨款80亿美元，2009年拨款70亿美元。同时，就业刺激和恢复法案的实施，为信托基金公路账户提供了147亿美元、公共交通账户提供了48亿美元的一般预算资金拨款。MAP-21法案批准在2013年和2014年分别提供62亿美元和126亿美元的一般预算资金拨款。此外,在2012年,地下储油罐泄漏信托基金累计的账户盈余24亿美元也拨到了信托基金账户。根据国会预算办公室预计,到2014年9月MAP-21法案期满时,信托基金公路账户将仅保持40亿美元的余额、公共交通账户余额也仅为20亿美元。

(二)公路信托基金前景堪忧

1.信托基金支出缺口巨大

根据国会预算办公室预计,2014年以后公路信托基金的收入仍将难以满足公路交通项目的基本支出需要。到2015年,信托基金的公路账户和公共交通账户的余额都将接近于零。到2020年,信托基金将累计亏空820亿美元(假定维持基本支出加上通货膨胀因素)。

因此,为了支撑2015~2020年的公路交通项目的基本支出,信托基金将需要大约850亿美元的新增收入,即需要增长33%,而现有的燃油税不可能产生这样的收入增长。这就需要一般预算资金提供支持,但这意味着将产生巨额的财政赤字。

2.信托基金收入增长放缓

三个重要因素导致了信托基金收入自动增长的时代已经结束:一是经济增长放缓,抑制了个人收入增长(减少了休闲出行)、减少了工作出行、弱化了货运的需求,导致行车里程不再像过去(1960~2008年)那样以年均2%的速度增长。二是近年来的新政策弱化了车辆出行与燃油税收入之间的关系,如2012年8月奥巴马政府发布了较为严格的2017~2025年车辆燃油节能新标准,同时数量不断扩张的混合动力和电动车很少缴纳或不缴纳燃油税。三是一些政治力量正在策划反对信托基金筹资机制。

3.消减项目的做法短期难以奏效

现行燃油税税率的增长可直接减轻信托基金的支出压力。根据经验,税率每增加1美分可使年度燃油税收入增加16亿~18亿美元。然而,即使未来十年燃油税收入能够实现适度增长,但消减燃油消耗的预期,也使人们对燃油税能够支撑不断增加的项目支出产生了怀疑。因此,在对未来公路交通项目的授权中,国会将面临一个选择:或者开辟新的收入来源,或者缩减公路交通项目规模。

但由于公路交通项目投资、合约授权的多年期性质以及现有项目持续存在的支出承诺,使得缩减项目规模的做法并不能有效缓解信托基金的支出压力。如:2013 年未履行的公路项目合约授权总额约 670 亿美元和 300 亿美元的未明确具体用途的合约授权。对公共交通项目而言,这些数字是 130 亿美元和 80 亿美元。而这些合约已经由联邦政府做出了承诺,是必须要支出的。

(三)公路信托基金的选择

现行的燃油税征收是以“几美分/加仑”的形式一次性确定下来的。当燃油消耗量减少时,信托基金的收入就会相应减少。据国会预算办公室预测,2023 年之前,现行燃油税收入的年均增长率不超过 1% ,并且所有的增长只来源于货车的柴油消耗。同时考虑到增税可能遇到政治障碍,寻求选择替代方式支持信托基金的取向正在增强。目前,可采取的替代方式主要有:将燃油税税率与燃油价格挂钩、改革现行燃油税的税收结构、基于行车里程的收费等。

1. 燃油销售税

燃油销售税是指将燃油税的税率与燃油价格相挂钩,即燃油税以燃油零售价格的一个百分比的形式确定,而不是现在采取的每加仑燃油征收固定数额的方式。目前,一些州已经采用了与燃油价格挂钩的方式征税,或两种方式并行。

据美国公路交通运输协会测算,在 2011 年采取对汽油销售价格的 8.4% 、柴油销售价格 10.6% 的税率征税,所得收入与现行征税方式取得的收入大致相等。如果未来燃油价格上涨(美国能源部能源信息管理中心预测),燃油税收入将会逐年上升。相反,燃油价格的下跌将会导致税收收入的减少。

事实上,过去许多州曾采取了与燃油价格挂钩的征税方式。但经过20世纪70年代燃油价格的震荡和80年代价格的大幅下跌,在过去的20年里,采用与燃油价格挂钩征税的做法基本停止了。然而最近,弗吉尼亚州又开始采用了这种征税方式支持公路交通项目。

但有分析认为,采用燃油销售税的做法至多只是个过渡措施。因为燃油税收入依赖于燃油消耗量,而目前及未来提升车辆使用功效、推行混合动力或电力车的政策走向,将导致燃油消耗量的不断减少。因此,从长远看,燃油销售税不能有效增加信托基金的收入。此外,燃油销售税受燃油价格变动因素的影响较大。

2. 税收结构调整

在现行燃油税结构上做出几个方面的调整,但并不改成燃油销售税。具体措施是:

(1)充分利用燃油价格的变动而增税,如仅仅当汽油价格降到指定的临界值时才增税。

(2)增加所有的公路税收,为的是显示对公路使用者一揽子的税收增加,而不仅仅是增加汽油税。

(3)建立燃油税通胀指数,即通过各种指数来调整燃油税税率,从而使燃油税达到1993年购买水平,但这样需要提供每年的税率通胀指数。

3. 收费融资机制

基于行车里程的收费融资机制,在美国交通运输领域已经讨论多年了,并成为广泛研究的主题。目前所有的研究结论都认为:基于行车里程的收费是可取的,也是可行的,但要先开展试点、积累经验,然后择机推广实施。

(1)国会的态度。国会对基于行车里程的收费融资机制表示支持。如国会的筹资委员会认为:从长远看,联邦为公路交通项目提供资金的各种制度选择中,最为切实可行的就是直接的基于行车里程的使用者付费制度,而不是通过间接的燃油税方式。在以行车里程为基准因素的同时,也可以将行车时段、公路类型、车重和车辆节能情况等因素考虑进去。同时,联邦政府采取这样一个制度选择，也为各州和地方政府利用收费制度发展公路奠定了基础，借此提高州和地方政府在公路投资方面的份额，进而提升公路收费制度的应用效率。

使用者直接付费的制度设计，既应保护个人隐私和公民自由，又应兼顾多目标的实现（如有利于国家路网的发展、实现社会公平、不影响州际贸易以及支持减少碳排放等）。同时，通过价格机制的应用，引导车辆转移到非拥堵时段或改用其他方式出行，提高路网的使用效率，进而减少额外的支出需求。

（2）经济学家的态度。经济学家认为：基于行车里程的收费是一种更高级别的使用者付费制度。虽然燃油税经常被认为是一种使用者付费制度，但其更容易被理解为使用者付费代理制，因为燃油税并不直接对应着基础设施消费量（里程）。如：一部丰田普锐斯混合动力车和一部汽油动力的运动型多用途车同时出行，使用了相同的基础设施数量（公路里程），根据车的燃油功效却需缴纳不同数量的税。相比之下，基于行车里程的收费，需缴纳的费用直接与使用的公路里程挂钩。如果再把车的重量（反映车辆对路面的磨损程度）等因素考虑进去，可能会形成一个更加综合的基础设施使用者付费制度。

（3）收费机制的优点。基于行车里程的收费机制有两个优点：一是所有公路使用者都必须付费，而目前采用电池、燃料电池或其他替代技术作为动力的车辆并未缴纳燃油税。二是能够反映出使用基础设施特别路段时更全面的成本支出，如对城市公路等繁忙路段可设置较高的收费标准。同时，收费机制可以随着时段、路况水平等因素的变化，给予驾驶员一定的价格信息，从而鼓励他们改变出行方式以避开拥堵或错开出行高峰期。

（4）收费机制的实践。基于行车里程的收费在交通运输领域已有很长的历史了。一些州对货车征收了重量税和里程税，同时许多收费公路的收费标准也是基于行车里程和车轴数量（作为车重的替代）制定的。

目前实施公路使用者付费制度遇到的最主要问题是，如何找到一个有效的方式或方法对公路使用情况和征费情况进行科学度量。当前由于大容量的电子技术（如无线通信技术、全球定位系统 GPS）在车辆上的广泛应用，支撑使用者付费制度的技术已经存在。但在具体实施过程中，需要一套明确的技术标准，采用统一的模式收集和处理技术信息。此外，也还存在一些诸如隐私保护、管理成本等问题需要进一步解决。

联邦基于行车里程的收费，可以为信托基金提供资金来源。采用收费制度，或替代燃油税，或与燃油税并行。即在实施了收费制度后，一定类型的车辆需要继续缴纳燃油税。此外，收费制度也可能是联邦增加收入的另一种措施，与燃油税无关。

（四）公路信托基金的未来

如果国会不选择以增税或收费的方式增加信托基金的收入，而继续采用一般预算资金拨款方式维持或扩大公路交通项目支出。则上面讨论的筹资模式，既能支撑信托基金，也能支撑一般预算资金（如果国会希望以此替代信托基金）。但这将是对过去实践的一种很大的背离，将因此弱化公路使用者付费制度与公路桥梁项目支出之间的直接联系。

当时的公路信托基金是作为一种临时性筹资措施而设立的。当州际公路建设完成，信托基金就应该终止。但信托基金存续了下来，并且其融资范围更加广泛并超出了州际公路的范围。然而，信托基金作为联邦为公路交通项目筹资的角色并不是必须的。国会习惯于以一般预算资金拨款的方式为大型基础设施项目提供资金，如军事工程项目。在 1956 年以前，联邦为公路交通项目提供资金就是通过每年的一般预算资金拨款。最近的像阿巴拉契亚公路系统等重点项目，也是由一般预算资金提供的。

一种选择是将信托基金专门用于公路项目（如州际公路、国家公路系统、重要桥梁和联邦土地项目）支出。公共交通和运输类项目的支出由一般预算资金提供。2012 年 2 月，国会众议院曾就此作出了提案，但因遭到强有力的反对而未能实施。

另一种选择是废除信托基金的结构,从而废除复杂的预算框架。废除信托基金意味着公路交通项目将与其他联邦项目竞争,可能导致公路交通项目支出的减少。但从2008年一般预算资金拨款到信托基金账户的情况看,国会愿意为公路交通项目提供资金但不管资金出处。废除信托基金的结构,把燃油税看作联邦收入的一个资金来源,会为国会在资金分配上提供更大的灵活性。

同时,废除信托基金可以释放出更大的创造性。从历史上看,美国交通基础设施的重点项目(如州际铁路、巴拿马运河),都是由国会特别授权拨款完成的。因此,重新考虑信托基金的结构,可能为国会和总统提出新的筹资办法创造一个良好的机会。

第五章　联邦资助公路政策的发展情况

本部分内容根据2012年1月美国国会研究机构提交的报告《联邦资助公路的立法史》编译而成。详述了20世纪以来联邦政府对公路的资助政策发展情况。

一、1916年《联邦资助公路法案》

1916年7月11日，威尔逊总统签署了1916年的《联邦资助公路法案》，法案规定：

(1)为农村邮政公路建设拨款。

(2)允许州参与这项计划，但州必须遵守相关法律。

(3)发起项目的权责赋予各州，联邦的参与程度取决于联邦授权的批准。

(4)州公路管理部门代表州实施项目管理权。

(5)拨款1000万美元用于国家森林公路建设(1917～1926年)，每年100万美元。

(6)为联邦土地、保留地等地区的主要公路提供基本的支持政策。

1918年，公共道路办公室更名为公共道路管理局(BPR)，并特别授权管理联邦公路建设资金。

二、1921年《联邦资助公路法案》

1921年的《联邦资助公路法案》，将公路分为两类：首要类(州际)和次要类(县际),并对公路系统给予一定的联邦资助,即不超过7%的州公路总里程能够获得联邦资助。该法案规定,每个州要负责维护由联邦资金修建的公路;如果做不到,将会在联邦的直接监管下进行,否则将停止联邦资金在该州的使用。

在经济恶化的1929年,国会将公路建设作为刺激经济的重要措施,增加了公路建设资金的提供。1930年4月,国会修正了1916年的《联邦资助公路法案》,除了已经授权的7500万美元(1931年)外,增加授权拨款5000万美元,同时为1932年和1933年的公路建设提供了1.25亿美元的拨款授权。

三、1938年《联邦资助公路法案》

1938年的《联邦资助公路法案》,要求对国家高等级收费公路网络的可行性进行研究。由此产生的研究《收费公路和免费道路》的结论是:“直接的收费公路建设,对美国的公路运输而言,不能完全(或大部分)解决所需要的基础设施问题。”

在美国正式参加第二次世界大战前,罗斯福政府就开始为战后进行筹划。1941年4月,罗斯福总统要求国家和地区公路委员会,研究建造一个特别的公路系统、能够连接所有的城市,不仅能满足当前的军事需要,还能满足战后不断增长的交通需求。这个系统是由新命名的公共道路管理局管理。1944年1月,该委员会向国会提交了研究报告。

四、1944年《联邦资助公路法案》

1944年的《联邦资助公路法案》,提出了由联邦和州的官员共同对国家州际公路的范围进行界定,不超过4万英里,特殊情况可以例外。但并没有授权拨款给州际公路系统。相反,该法案却每年(战后前三年)拨款2.25亿美元用于主要公路、1.5亿美元用于次要和支线公路、1.25亿美元用于城市公路。但该法案建立了各州分配资金的公式。

五、1952 年《联邦资助公路法案》

虽然州际公路系统的概念已于 1913 年由国家公路协会提出了，但 1952 年的《联邦资助公路法案》，是第一个分配资金专门用于州际公路建设的法律，授权拨款 2500 万美元用于州际公路建设（联邦和州各出资 50%）。艾森豪威尔总统对实施的州际公路系统，增加了一个特别的国防概念。

六、1954 年《联邦资助公路法案》

1954 年的《联邦资助公路法案》，授权 1956 年和 1957 年各拨款 1.75 亿美元用于州际公路建设，联邦和州的出资比例为 6∶4。

七、1956 年《联邦资助公路和公路税收法案》

1956 年，随着《联邦资助公路和公路税收法案》的签署，联邦政府对公路资助的资金急剧增加。该法案授权 1957 年追加 10 亿美元、1958 年为 17 亿美元、1959 年为 20 亿美元。同时授权建立公路信托基金，确保国家州际和国防公路系统的资金来源。自那时起，各项税收收入（包括燃油消费税、轮胎税等）直接进入公路信托基金账户。在信托基金创立之前，联邦政府对公路的资助资金来源于财政一般预算。虽然联邦燃油税和机动车辆税在信托基金建立之前就已经存在，但其收入进入一般预算账户，与联邦资助公路之间没有建立正式关系。1956 年的法案对信托基金的到期日期设置为 1972 年年底，然而，随后的立法将信托基金延长到了今天。

八、1959 年《联邦资助公路法案》

1959 年的《联邦资助公路法案》，将国家州际和国防公路系统延伸到了阿拉斯加州和夏威夷州。同时约定对各州在 1947 年 8 月 2 日至 1957 年 6

月 30 日期间建设完成的、并入州际公路系统的公路予以补偿。

九、1962 年《联邦资助公路法案》

1962 年的《联邦资助公路法案》，创建了一个持续、综合、合作（3C）的交通规划纲要，要求各州和地方政府（或团体）在人口超过 5 万的城市制订中长期公路规划，并要妥善协调好公路项目和其他运输方式项目间的关系。

十、1966 年《公路安全法案》

1966 年的《公路安全法案》，要求每个州制订公路安全计划，由联邦交通运输部批准，制订减少死亡、伤害和财产损失的计划。1966 年国会通过了《交通运输部法案》，将公共道路管理局更名为联邦公路管理局（FHWA），隶属于创建的联邦交通运输部。

十一、1970 年《联邦资助公路法案》

1970 年的《联邦资助公路法案》，对非州际公路项目的联邦资助比例从 50% 提升到 70%，并创建了一个特殊桥梁修复计划。该法案要求联邦交通运输部编制国家公路系统的桥梁名录，“根据它们的适用性、安全性进行分类；基于分类，安排修复的优先次序”。该法案进一步明确，各州对桥梁修复的资金申请，要依据特殊桥梁修复计划名录的优先次序。联邦政府对特殊桥梁修复的资助比例最高可达 75%。

十二、1973 的《联邦资助公路法案》

1973 的《联邦资助公路法案》，授权安排资金完成州际公路系统，其被命名为国家州际和国防公路系统。该法案还授权分配资金建设公交专用车道和公路交通控制设施，同时规定允许各州使用一定比例的公路资金建设单独的自行车道、自行车设施和人行道。此外，该法案还允许各州申请资金建设固定轨道运输设施代替公路建设，可申请的金额等同于代替的公路建设所需金额，但资金要列入一般财政预算而不是公路信托基金预算。

十三、1976年《联邦资助公路法案》

1976年的《联邦资助公路法案》，建立了重铺、恢复、康复（3R）计划，首次允许联邦资金用于现有公路路面的重铺、恢复和康复。1978年的《陆路运输资助法案》（1978 STAA），将特殊桥梁修复计划扩展为了公路桥梁修复计划，包括维修以及替换，并授权拨款重修使用超过5年的州际公路。3R计划的资格要求被1981的《联邦资助公路法案》修订，该法案作出了禁止州接受不足州际公路系统总分配资金1%的一半的规定。

十四、1982年《陆路运输资助法案》

1982年的《陆路运输资助法案》（1982 STAA）规定，在公路桥梁修复计划中，桥梁工程建设预付资金的使用范围可以扩展，允许各州将分配的资金从一个城市划拨给另一个城市使用。在该法案下，对在重型车辆使用登记前不需要提供缴税证明的州，其公路分配资金将会被消减。该法案还建立了一个弱势企业计划，保证项目资金的10%要花给弱势企业。针对公路信托基金作出了两项规定：一是增税，汽油税由5美分/加仑上涨至9美分/加仑；二是在公路信托基金账户内设立了公共交通账户（1983年4月1日生效）。

1982年的《陆路运输资助法案》规定，紧急救援补助金应该从公路信托基金划出，并对1983～1986年的补助金进行了拨款授权，用于桥梁修复和消除灾害项目。

十五、1987年《陆路运输和统一搬迁资助法案》

1987年的《陆路运输和统一搬迁资助法案》（STURAA），授权从公路信托基金中为1988～1993年的公路资助项目拨款。该法案是在20世纪唯一被总统（里根总统）否决的公路预算，但依然被国会通过（众议院350票-73票，参议院67票-33票）。该法案增加了对紧急救援补助金的限制（每个州限制在3000万美元到1亿美元），并允许各州使用一定比例的州际公路转移资金用于公路规划和研究。

十六、1991年《多式联运陆路运输和公平法案》

1991年的《多式联运陆路运输和公平法案》（ISTEA）宣称，本法案作出的州际公路系统的拨款和分配授权，将是最后的拨款授权。此外，该法案建立了一个陆路运输计划（STP），对项目（公路、桥梁、自行车交通、人行道以及所以联邦资助涉及的运输增强活动）建设、重建、修复、重铺、恢复和提升管理水平提供资金资助。陆路运输计划（STP），允许资金用于联邦资助责任以外的公路项目。这些变化增强了州统筹资金的能力，通过将其他公路项目资金转移到陆路运输计划项目。

十七、1998年《面向21世纪的交通运输公平法案》

1998年的《面向21世纪的交通运输公平法案》（TEA-21），除了重新授权公路信托基金的收入可使用到2005年外，还授权1998～2003年大约2180亿美元的公路资助规模。制定了最低保证金制度，保证每个州至少获得其对公路信托基金贡献的90.5%。

TEA-21法案修订了1985年的《平衡预算和赤字控制法》，把公路信托基金账户分成了两类：公路账户和公共交通账户。这种所谓的防火墙，防止了因公路资金拨款减少而增加公共交通的开支，反之亦然。在TEA-21法案2180亿美元的授权中，81%（1770亿美元）用于公路和公路安全计划。余下的19%（410亿美元）中的大多数将用于公共交通支出。在TEA-21法案下，每个州都至少能保证其缴纳收入的90.5%得到返还。TEA-21法案废除了对公路信托基金账户余额资金支付利息的做法。在过去,这种利息支付的做法饱受争议,被认为是一种简单的资金转移,因为利息是来自财政一般预算资金。不仅如此,还呼吁将公路信托基金的账户余额转移到一般预算账户。截至 1998 年 9 月 30 日,公路信托基金的账户余额超过 80 亿美元。

TEA-21 法案建立了一个极其重要的机制——与收入成正比的预算授权(RABA)。RABA 调整机制确保公路支出与公路收入直接成正比,如果公路收入预期增加,公路开支也预期增加,反之亦然。RABA 调整机制在 2000 ~ 2002 年为公路支出提供了 90 亿美元额外资金。然而在 2003 年,在 RABA 调整机制下,可用于公路支出的金额下降了 30%。作为回应,美国国会通过《综合拨款法案》,将 2003 年公路支出金额提升到了 318 亿美元。

十八、2005 年《安全、可靠、灵活、高效的运输公平法案》

2005 年的《安全、可靠、灵活、高效的运输公平法案:留给使用者的财产》(SAFETEA-LU),修改和扩展了 TEA-21 法案创建的资金保证制度。RABA 调整机制改变为基于两年前的平均实际收入预测本年度收入,仅当公路信托基金账户余额低于 60 亿美元时才允许负调整。RABA 资金仅在 2007 年得到分配(8.42 亿美元)。

法案还扩大了各州的一些权力,允许对州际公路项目收费,缓解交通拥堵和为建设筹集资金。此外,该法案解释了有关在联邦资助的公路上使用和运营高承载车辆(HOV)车道的问题。

公平奖励金(EB)制度替代了 TEA-21 法案设立的最低保障金(MG)制度。公平奖励金保证各州获得一个年度最低的百分比。此外,法案授权了几个试点项目:

(1)货车停车设施项目,旨在解决商用车在国家公路系统中、长时间停车设施不足的问题。

(2)挽救生命项目,加强安全、缩短施工时间、减少施工拥堵、提升驾驶经验。

(3)实时系统管理信息项目,旨在为各州提供主要公路的实时监测和信息应用的能力,缓解或减少拥堵。

(4)未来公路战略研究项目,由国家科学院的全国研究理事会,研究对公路基础设施的创新,最小化交通延误、预防或减少交通事故、缩短出行时间以及扩大公路通行能力的问题等。该项目在 2006 ~ 2009 年间获得了 2.05 亿美元的资金支持。

自 2009 年 10 月 1 日以来,联邦政府对公路的资助,依据一系列的授权延展法案一直在进行。

第六章　联邦资助项目的监管机构设置情况

联邦交通运输部根据美国法律的规定，授权联邦公路局对联邦资助公路项目履行监管职责。在履行监管职责的机构设置方面，联邦公路局除了在总部设置的各类“办公室”外，还在全国各地区设置了地区办事处、区域办公室等外派机构。

一、地区办事处

联邦公路管理局地区办事处，为州交通厅在交通规划、建设和维护等方面提供指导，并与州交通厅等机构共同协作，确保国家公路、桥梁、隧道的安全，确保国家战略投资保持公路系统的现代化和生命财产安全，支撑经济增长和环境可持续发展。此外，与州交通厅合作，开展研发工作，提出创新技术、举措以提高交通系统的绩效。

地区办事处为联邦资助项目的实施，提供最直接的服务和监管，主要包括：规划研究，项目前期工作，技术转让，公路用地、公路安全、交通运行，环境保护，民事权利，设计施工和维护，工程协调，公路美化和监管等。联邦公路管理局在全国共设立了52个办事处（其中：50个州每个州设立1个，哥伦比亚特区1个，波多黎各地区1个）。每个办事处与州交通厅同处一个城市，通常为州府城市。地区办事处及其内设机构情况见表6-1。

此外，联邦公路管理局与联邦公共交通管理局共同在费城、纽约、芝加哥和洛杉矶设立了4个城市办事处，作为地区办事处的分支机构，为地方、州和这些城市的其他联邦机构提供有关联邦交通项目的援助，指导和信息交流等服务。

典型地区办事处及其内设机构情况　　表 6-1

序号	名　　称	内 设 部 门	员工人数
1	阿拉斯加州办事处	行政和财务部、工程部、项目部	16
2	亚利桑那州办事处	行政和财务部、工程部、养护管理部、规划部、信息技术部	25
3	阿肯色州办事处	行政部、财务和项目管理部、地区运营部	16
4	加利福尼亚州办事处	质量管理部、财务部、项目开发部、工程部、技术服务部、运营管理部	58
5	康涅狄格州办事处	行政部、工程和运营部、规划研发部、财务部	19
6	特拉华州办事处	行政部、财务部、项目开发部、工程部	16
7	哥伦比亚特区办事处	项目管理部、项目开发部、财务和行政部	15
8	佛罗里达州办事处	财务和行政部、项目部、工程部、技术部	38
9	佐治亚州办事处	行政部、财务部、项目部、工程部、技术部	38
10	夏威夷州办事处	财务和行政部、项目和工程开发部	16
11	伊利诺伊州办事处	行政部、基础设施和技术部、财务和后勤部、工程部、规划和项目部、机动和安全部、公路用地管理部	33
12	犹他州办事处	行政和财务部、项目部、工程部	20
13	佛蒙特州办事处	工程和运营部、项目和质量部、行政和财务部	14
14	华盛顿州办事处	财务部、技术部、运营部、项目部、培训部	30
15	西弗吉尼亚州办事处	行政部、财务部、工程部、项目部	17
16	爱荷华州办事处	项目开发部、规划发展部、财务部	17
17	堪萨斯州办事处	融资部、工程部、项目部、工程部、财务部	40
18	缅因州办事处	行政部、财务部、工程部、项目部	13
19	马里兰州办事处	行政和财务部、技术服务/规划部、工程/环境部	29
20	马萨诸塞州办事处	规划和环境部、财务和行政部、工程管理部	24
21	密歇根州办事处	工程和运营部、行政协调部、项目开发部	31
22	密西西比州办事处	行政部、财务部、工程部、地区运营部	19
23	内布拉斯加州办事处	财务和行政部、工程和运营部、项目部	16

续上表

序号	名　　称	内设部门	员工人数
24	内华达州办事处	财务部、地区运营部、项目开发部	18
25	新罕布什尔州办事处	行政和财务部、规划和发展部、工程和运营部	17
26	新泽西州办事处	规划和环境部、工程项目部、技术服务部、财务部、公路交通安全部	26
27	新墨西哥州办事处	地区运营部、规划和项目开发部	18
28	纽约州办事处	行政部、财务部、项目部、工程部、运营部	46
29	北卡罗来纳州办事处	行政部、建设和环境部、运营部、规划和项目部	31
30	北达科他州办事处	项目开发部、项目管理部、财务和行政部	12
31	俄亥俄州办事处	战略和行政部、财务部、项目开发部、重大项目部、规划和环境部、工程和运营部	33
32	俄勒冈州办事处	财务和行政部、项目开发部、地区运营部	23
33	南卡罗来纳州办事处	规划和环境部、工程和运营部	20
34	南达科他州办事处	工程和运营部、技术服务部	12
35	田纳西州办事处	技术项目部、地区运营部、安全和交通运营部、规划和项目部	20

二、区域办公室

联邦公路管理局核心管理层包括：局长、副局长和行政执行主任。区域办公室是行政执行主任办公室的外派机构，对辖区内的地区办事处，实施行政监督和政策指导。

目前，联邦公路管理局在美国的北部、南部、中部和西部地区设置了4个区域办公室，其具体管辖地区情况见表6-2。其中：北部区域办公室设在巴尔的摩（马里兰州）、南部区域办公室在亚特兰大（佐治亚州首府）、中部区域办公室在马特森（伊利诺伊州）、西部区域办公室在盐湖城（犹他州）。

区域办公室所辖地区情况　　表 6-2

北 部 地 区	南 部 地 区	中 部 地 区	西 部 地 区
康涅狄格州 CT	亚拉巴马州 AL	伊利诺伊州 IL	阿拉斯加州 AK
特拉华州 DE	阿肯色州 AR	印第安纳州 IN	亚利桑那州 AZ
哥伦比亚特区 DC	佛罗里达州 FL	爱荷华州 IA	加利福尼亚州 CA
缅因州 ME	佐治亚州 GA	堪萨斯州 KS	科罗拉多州 CO
马里兰州 MD	肯塔基州 KY	密歇根州 MI	夏威夷州 HI
马萨诸塞州 MA	路易斯安那州 LA	明尼苏达州 MN	爱达荷州 ID
新罕布什尔州 NH	密西西比州 MS	密苏里州 MO	蒙大拿州 MT
新泽西州 NJ	北卡罗来纳州 NC	内布拉斯加州 NE	内华达州 NV
纽约州 NY	波多黎各岛 PR	北达科他州 ND	新墨西哥州 NM
俄亥俄州 OH	南卡罗来纳 SC	俄克拉荷马州 OK	俄勒冈州 OR
宾夕法尼亚州 PA	田纳西州 TN	南达科他州 SD	犹他州 UT
罗得岛州 RI	弗吉尼亚州 VA	得克萨斯州 TX	华盛顿州 WA
佛蒙特州 VT	西弗吉尼亚州 WV	威斯康星州 WI	怀俄明州 WY

三、技术服务中心

联邦公路管理局在亚特兰大(佐治亚州首府)、巴尔的摩(马里兰州)、莱克伍德(科罗拉多州)、马特森(伊利诺伊州)和旧金山(加州)5 个地区设立了技术服务中心,通过技术援助和培训等为地区办事处、州交通厅及城市规划委员会等提供技术支持。

技术服务中心内设 12 个技术服务组,分别是:空气质量服务组、公民权利服务组、工程建设服务组、环保和征地服务组、财务服务组、岩土工程技术组、水利技术服务组、运营管理服务组、路面材料技术组、规划和货运技术组、安全设计服务组和桥梁结构技术组。

第七章　联邦资助项目的监管职责划分情况

2006年，联邦公路局对全国的联邦资助项目的管理情况进行了一次调查。调查发现，对联邦资助项目的管理没有一个系统、全面的监督措施。同时发现，目前的监管工作，作为一个整体，州与州之间并不一致，而且监管效率不高，难以满足联邦资助项目的管理要求。随后联邦公路局驻地区办事处于2007年和2008年又进行了相关的调查，进一步印证了2006年的调查结论。其中，最为集中的一个问题是对联邦资助项目的监管，缺乏统一的监管程序和监管要求，在各州的监管工作中，联邦和州之间的责任划分也不尽相同。

为此，联邦公路局于2015年2月制定和发布了联邦与州统一的监管协定书，对联邦和州之间的监管责任进行了统一和规范。随后，2015年上半年，联邦公路局与各州交通厅根据新的要求，重新签订了针对联邦资助公路项目的监管协定。本部分以联邦公路局与加利福尼亚州签订的协定为例，阐述联邦与各州之间的监管职责划分情况。

联邦公路管理局和加利福尼亚州交通运输厅关于联邦资助项目的监督和管理协定

（本协定于2015年5月28日生效）

一、背景介绍

联邦资助公路项目是联邦政府资助、州政府选择的项目。联邦公路局和州交通厅合作，按照联邦政府的规定对联邦资助公路项目履行监督和管理责任。在修订法律过程中,美国国会认为有必要赋予各州更多履行项目管理责任的权力,同时也承认联邦公路局对联邦资助公路项目监管的重要性。因此,美国法律制定了相关监管规定和要求。本监管协定,规定了联邦公路局和加州交通厅,对联邦资助公路项目在项目审批等方面各自应发挥的作用和责任。

联邦公路局和州交通厅各自承担的职责范围界定情况,经历了一个较长时间的演变过程。美国联邦交通运输部,根据相关法律的规定,授权联邦公路局对联邦资助公路项目履行监管职责。以下相关立法进一步明确了联邦公路局的职责:

(1)1991 年《陆路多式联运效率法案》(冰茶法案 ISTEA)。

(2)1998 年《21 世纪运输平衡法案》(续茶法案 TEA-21)。

(3)2005 年《安全、可靠、灵活、高效的运输公平法案:留给使用者的财产》(露茶法案 SAFETEA-LU)。

(4)2012 年《在 21 世纪中前进法案》(MAP-21)。

美国法律规定,联邦公路局不得将决策权力分派或委托给州交通厅,只能授权州承担具体的项目审批。在接受联邦资金的项目中,属于国家公路网(包括州际公路)的项目,州可以承担:设计、计划、规范、概算、合同签订和检查等职责(联邦交通运输部认为不适合州履行的职责除外);属于非国家公路网的项目,州可以承担:设计、计划、规范、概算、合同签订和检查等职责(州政府认为不适合州履行的职责除外)。

对其他不涉及具体项目审批的事项,联邦公路局可以授权州交通厅组织开展工作,实现或执行联邦公路局的决策部署,但这样的决策权本身要保留在联邦公路局。

授予州交通厅的权力仅限于具体项目的审批。联邦公路局的决策权法律地位或联邦资助的决策权,不能授予州交通厅。联邦公路局对联邦资助公路项目拥有最终决策权。这种最终决策权通常在联邦资助项目协议签订后实施。

法律要求联邦公路局和加州交通厅签署协定,规定加州交通厅承担的管理职责。本监管协定,规定了加州交通厅的职责范围,包括具体项目审批及相关责任,也规定了联邦公路局对项目的监管职责。

二、目的和意图

本监管协定的意图和目的是,明确联邦公路局(或加州办事处)和加州交通厅在项目审批及相关职责中的角色和责任,明确有效监管联邦资助公路项目的方法和措施。

本协定的附件1:工程项目监管职责分配表,明确了联邦公路局对联邦资助公路项目的审批职责、加州交通厅和联邦公路局的责任分工。本协定执行中,附件1中明确的职责,除非有明确的规定,否则其他任何协议或者文件,都不能对其产生影响或变更其中的内容。

加州交通厅和联邦公路管理局合作,共同管理联邦资助公路项目,确保项目的完整性、价值性和项目质量。为实现预期目标,要采取有效措施,采用各种方法评估和持续监测联邦资助公路项目的运转情况,从而提升项目性能和服务水平。

三、国家公路网联邦资助项目的监管职责

加州交通厅应承担的职责包括:设计;计划、规范和概算;合同签订;检查。

加州交通厅按照本协定附件1中的授权,履行项目审批等相关职责。明确规定由加州办事处履行审批职责的事项(如办事处利益项目、共同利益项目)除外。

加州交通厅不承担高风险类别的州际项目的监管责任。

根据联邦法律、法规和政策,加州交通厅行使所有被授权的、有关国家公路网中联邦资助项目的设计,计划、规范和概算,合同签订和检查等监管

职责。

四、非国家公路网联邦资助项目的监管职责

加州交通厅应承担的职责包括:设计,计划、规范和概算,合同签订和检查。

除法律规定外,加州交通厅依据联邦法律,履行项目的审批等相关职责。

加州交通厅,由其自行决定,可以向联邦公路局申请履行一个或多个非国家公路网项目的(仅项目范围内)审批权。但这样申请,应履行书面申请手续。

根据美国法律规定,非国家公路网项目的设计和建设,应遵守州的法律、法规、行政指令、安全标准、设计标准和施工标准。

五、地方管理项目的监管职责

根据美国法律规定,加州交通厅可准许地方公共机构对地方管理的项目履行监管职责。加州交通厅有责任和义务,要求地方公共机构遵守联邦的法律和相关规定。

六、授权许可的范围

根据美国法律规定,可授权加州交通厅的职责范围为:设计,计划、规范和概算,合同签订和检查。具体规定如下:

(1)设计。包括初步设计、设计以及与设计相关的服务(包括初步设计、设计、工程管理、施工管理和工程检验、勘察测量、制图和建筑相关的服务)。

(2)计划、规范和概算。指工程项目施工前必须做的审批事项等工作,具体包括:线路几何标准、施工图、工程概算说明以及征地拆迁、公共设施、铁路设施的许可证。

(3)合同签订。包括咨询服务采购、施工服务采购等,也包括发布公告、评估和合同签订。

(4)检查。包括一般合同管理,材料测试和质量保证,联邦资助合同的审查和检查。

七、联邦的审批职责

未在附件1中列示的审批职责,在未经联邦公路局总部的批准下,均不能由加州交通厅承担。以下列出的是最常见的、不应由加州交通厅承担的审批事项:

(1)公民权利项目的审批(如环保审批)。

(2)空气清洁法规定的联邦空气质量达标审批。

(3)发票和凭证的审核。

(4)联邦资金的"困难性"采购、保护性购买等事项的审批。

(5)工程项目协议签订和修订,资金拨付(含进度款)。

(6)特别实验性项目。

(7)非公路用途的州际空域使用。

(8)统一安置和购置房地产政策法规定的审批事项。

(9)预防性维护项目的前置审批。

(10)项目前期工作发生的非联邦建设费用的信用额度申请。

(11)功能性资产重置。

(12)对海岸警卫队需求的许可。

(13)附件1未明确列示的其他任何审批事项。

对联邦资助的所有项目,加州交通厅要遵守美国法律和有关联邦资助项目的规定,如:城市和州域规划,环保,工程和设计服务采购,公民权利和弱势企业参与,现行工资率,公路征地等。

八、工程项目的监管职责

本协定附件1:工程项目监管职责分配表,明确了联邦资助公路工程项目的审批职责和履行职责的责任主体(加州交通厅或联邦公路局)。

九、高风险类项目

在美国法律中,国会要求联邦交通运输部不得将州际公路系统中、具有高风险的项目的审批权授权给加州交通厅。高风险类的项目由联邦交通运输部确定,可分为国家级、州级、国家和州级的高风险类项目。加州办事处已经确定,加州目前没有高风险类项目。

十、联邦公路局的监管职责

在美国法律中,国会要求联邦交通运输部要制订监管计划,有效监控联邦资助资金的使用和管理。监管计划要包括联邦公路局对各州的工作流程和实际管理情况的监管,也要包括对各州履行的审批等相关职责的监管。国会规定,在最低限度内,监管计划要对资金使用和项目交付这两个方面进行监管。

联邦公路局要对加州交通厅的项目财务管理体系进行年度检查,要定期检查加州交通厅对子项目受款人的监管情况。

联邦公路局要对加州交通厅的项目交付管理体系进行年度检查,涉及项目管理的全过程(从项目计划到项目完工)。同时,也要对加州交通厅的实际工作情况进行评估,包括评估工程造价、合同签订和成本节约等情况。

根据美国法律的规定,联邦公路局将采用风险管理体系、评估项目财务状况和交付完工情况,防范和化解在项目管理、资金使用等方面的风险。联邦公路局可与加州交通厅合作,评估项目内在风险和资金管理风险,研究防控风险的应对措施。

制订完善的计划和资源在各机构间的合理配置，是有效实施监管工作的关键。联邦公路局就每个联邦财年所要作的审查事项，提交一个综合年度工作计划。对加州交通厅而言，在每个财年伊始，就要为审查工作留出充足的时间和足够的资源。

（一）识别风险和制订应对措施的技术手段

(1)项目评估。

(2)财务真实性和价值评估审查(FIRE)。

(3)项目审查。

(4)认证审查。

(5)经常性或定期审查，如合规性评估计划(CAP)。

(6)项目要素或阶段的检查。

这些技术手段的实施，要符合现行的《州办事处标准操作规程》及其他相关政策文件的规定和要求。

（二）项目监管的技术手段和内容

联邦公路局和加州交通厅将协同工作，采用风险分析法，确定恰当的监管措施。这一过程可采取综合措施来实现战略目标、满足预期需求、促进系统提升，确保联邦资助公路项目的交付符合法律、法规、政策和战略目标的要求。这种风险分析的方法将涵盖监管的两个层面：项目计划层面和工程层面。

项目计划的监管，包括联邦公路局的年度检查，加州交通厅制定的具体监管措施(确保项目交付的合规性)，也包括满足风险评估要求的相关措施。年度检查包括：项目分析，风险评估，对部分项目的审查和项目指标体系，以及项目管理人员之间日常工作沟通情况。基于风险分析的项目监管既包括有针对性的项目审查，也包括由其他外部机构进行的审查，如美国总监察署

(OIG)、政府问责办公室(GAO)或其他审计机构。具体内容详见附件2。附件2特别强调了对项目计划的监管职责。

工程层面的监管,包括对授权给州或地方机构的项目的监管和对联邦公路局保留项目(如办事处利益项目、共同利益项目)的监管。具体内容详见附件1,附件1特别强调了对工程项目的监管职责。

(三)项目计划的监管

1.项目分析和风险评估

项目风险评估是一种评价工具或技术,可采取联合评估、自我评估等多种形式。但其都基于共同的概念,即识别优势、弱点和机会,并提供一个路径用来判断项目当前的"健康"状况和评估未来的风险。

加州交通厅和联邦公路局将共同进行项目分析和实施风险管理。风险管理包括评估风险、优先考虑风险事件和需求,并实施有效的风险防范措施。这将在核心项目领域通过执行一个共同的年度项目分析和风险评估来实现。项目分析用来找出切实可行的办法和措施,来弥合当前项目状态和项目在未来3年内应该所处的状态之间的"间隙"。为实现这一目标,将通过风险评估来判断未来可能出现的风险因素。

此外,在执行项目分析和风险评估时,也会考虑从监管工作和绩效评估中获取信息。项目分析将突出应对策略和措施,以有效管理风险。应对策略包括培训、项目审查、更新指南、提供技术援助。交通厅和联邦公路局每年都会对项目分析和风险评估情况进行更新,以反映最新的信息,同时保持对项目的关注度。

项目评估工作可能会因国家出台新政策而引致,如出台新法律、新举措或谋求持续改进的愿望。引致因素还可能来自联邦公路局总部、技术服务中心或其他联邦机构(如美国总监察署、政府问责办公室)的审查。审查可能包括对工程项目审批的核实,检验其合法合规性。审查工作将从项目评估、检查或绩效评估的结果中选择,其中聚焦工程项目竣工交付的有效性方面。

加州办事处制定了一个标准作业规程(SOP),用于记录项目分析和风险评估的过程。年度过程结果的记录由加州办事处保管。“高风险”项目由加州办事处认定,作为加州交通厅年度战略计划管理的组成部分。项目审查是防范和化解风险的典型做法。

2. 项目审查

项目审查是指分析项目的关键要素和项目管理的流程。项目审查由来自联邦公路局、加州交通厅或其他相关利益团体以及个人组织实施。项目审查应包括财务要素,并涉及由联邦公路局财务部门决定是否要建立适当的内控机制,监控浪费、欺诈和滥用联邦资助资金。项目审查,通常是一个项目评估或是需要提升性能指标的结果。性能指标也可以作为项目审查的一个组成部分,帮助突出、量化成功及问题领域。通常情况下,项目审查将:

(1)评估是否符合联邦的规定。

(2)识别更有效率和项目改进的条件。

(3)识别需要注意的领域并提出改进建议。

(4)确保建议的贯彻实施。

(5)认定示范性做法。

虽然大多数的项目审查对可能存在的风险领域是明确的,但也有一些审查需要借助一定的基准、对高风险领域进行持续评估。例如,年度审查将作为财务真实性和价值评估审查(FIRE)的一个组成部分。(FIRE是指在联邦公路局内部财务控制年度认证支持下的审查和监管计划)。

加州办事处制定了一个标准作业规程,用于记录项目审查过程。所有项目审查执行的记录由加州办事处保管。项目审查的意见和结果记入审查数据库,并跟踪到问题的有效解决。解决措施将有助于未来的项目分析、风险评估以及随后的项目审查。项目审查也可建立指标体系,帮助判定项目在未来各个领域的合规性。

3. 项目指标体系

联邦公路局和加州交通厅会定期审查评估项目“健康”状况的各项指

标。这些指标包括:衡量项目交付情况的内部指标和衡量联邦资助公路系统整体性能的外部指标。有些指标是审查机构独有的,而有些指标是各机构间共用的。各种不同的指标通过多个平台,用于不同的评估阶段。这些指标的细节以及如何评估,将包含在一个单独的项目指标和性能指标列表中。

(四)工程项目的监管

除项目计划层面的监管外,加州办事处和加州交通厅还要经常对工程施工情况进行定期监督检查,确保项目交付的有效性和合规性。工程施工的合规性是项目合规的保证。此外,对办事处利益项目(PoDI)、共同利益项目(PoCI)以及其他相关项目,由加州办事处或加州交通厅进行定期检查。这些类项目的检查的详细内容,在以下内容及监管职责的章节中列示。附件1也强调了工程的监管责任。

1. 合规性评估程序

联邦公路局的合规性评估程序,使用统计方法建立了联邦资助公路项目最低的合规审查条件,目的是在国家和地方两个层面,为联邦资助公路建设工程符合关键的联邦要求而提供合理的保证。它通过提供一个分析框架,使统计上有效的推理适用于国家和地方两个层面。该方法是客观可靠的,为风险评估提供有效的统计信息和数据。合规性评估程序是工程监管的一个要素,它将促使监管工作更加趋向数据驱动和以风险分析为基础。

加州办事处将随机抽取工程项目进行基于合规性评估程序的审查。审查需要制定核心问题调查表、操作指南或加州办事处关心的问题。联邦公路局提供了合规性评估程序运行的操作指南。该指南以及合规性评估程序分析的结果及更新,加州交通厅可以申请使用。

2. 办事处利益项目

办事处利益项目(PoDI),是联邦公路局保留下来的项目,或者联邦公路局没有保留、但被办事处另外指定的分工责任,该类项目由加州办事处定期划定。共同利益项目(PoCI),联邦公路局与加州交通厅共同承担责任的项目,该类项目由联邦公路局每年划定一次。

对 PoDI 和 PoCI 类项目的监管,适用于联邦公路局保留承担责任项目的监管措施。这些 PoDI 和 PoCI 类项目纳入本协定的范围。PoDI/PoCI 类项目列表的鉴别和添加,要依据加州办事处的标准作业规程(SOP),与加州交通厅共同进行。

标准作业程序(SOP)建立了:①鉴别 PoDI 与 PoCI 项目的流程;②项目监管协议(POA),对每个 PoDI 项目界定了办事处和交通厅各自责任范围;③办事处和交通厅必须要采取的措施,确保 PoDI 项目符合相关要求;④一个索引,在线更新 PoDI 项目列表,以及体现办事处和交通厅监管职责分工的项目监管协议(POA)。

当前的 PoDI 和 PoCI 项目目录由加州办事处维护,每季度依申请提供给加州交通厅。项目的鉴别和添加,根据相关规定与交通厅共同完成。这一过程的细节都包含在一个单独的 PoDI/ PoCI 鉴别和监督协议中。在签订工程施工协议时,没有签订项目监管协议(POA)的项目,将被视为一个授权项目。

(五)项目监管职责分配表

本协定的附件 2 为项目计划监管职责分配表,列示了全部的联邦公路局及其办事处、加州交通厅在项目计划层面的监管职责。

(六)监管指标体系

加州办事处和加州交通厅可共同建立监管指标体系。当相关数据偏离期望目标方向时,该监管指标体系应设定目标、跟踪趋势及实施应对措施。该指标体系能够能提供文件证明,加州交通厅的监管工作是有效的。监管指标体系每年应接受检查。如果适用,该指标体系应纳入本协定的索引部分。

加州交通厅和联邦公路局可以确定能够用来评估项目交付情况指标体系。此外,双方共同商定的指标体系,将用于评估项目的交付情况,也要和法律规定的性能评价指标相吻合。

十一、州交通厅的监管职责和报告规定

(一)州交通厅的监管职责和报告的规定

加州交通厅要向联邦公路局报告执行协定的情况。为了履行监管责任,加州交通厅将采取措施、执行政策,并提供季度报告和年度报告。具体包括:

(1)对项目绩效指标的季度审查,包括成本、公民权利目标、预算和质量控制。

(2)工程施工风险、成本、进度计划的季度审查。

(3)工程项目审计。

(4)执行相关政策情况的审查。

季度工程交付报告,提供了项目性能指标和项目风险监测清单。报告包括投资成本、人员配置、项目性能指标等内容,将于每年 12 月 31 日前提交给联邦公路局。其中,还包含加州交通厅提出的整改建议报告。

加州交通厅将与联邦公路局合作,采用风险分析法、项目评估/审查以及合规性评估等,共同确定合理的监管措施。

(二)加州交通厅对地方管理项目的监管

加州交通厅按规定要对子项目(包括委托地方承担的)进行有效监管。

根据美国法律规定,加州交通厅要负责对地方管理的项目制定完善的交付制度和完善的会计控制制度,妥善管理联邦资助资金。加州交通厅还要负责申请报告的合规性,如要符合《联邦资金问责制和透明度法案》(2006 年)对月报规定和要求。

加州交通厅认为,它有责任让子项目受款人了解联邦拨款的管理规定、熟悉和理解他们应该承担的责任。加州交通厅将采用下列措施、程序和流程来履行这些职责。加州交通厅代表联邦公路局,根据联邦法律、法规和政策,对地方管理的项目进行监管。其目的是保证子项目受款人了解联邦资助的规定和应履行的责任,并通过制定政策、指南、标准程序来完成。

加州交通厅将评估子项目承担人是否具备完善的项目交付制度和会计控制制度。评估采用以下措施、程序和流程。

加州交通厅通过《地方资助程序操作手册》中提供的各种监测方法和措施,对子项目交付制度进行评估,例如:

(1)项目初始阶段的现场审查。

(2)关键环节(计划、规范和概算;合同签订;项目后评价)。

(3)滞后项目的监测和审查。

(4)"工程准备工作超过10年"。

(5)《国家环境政策法案》实施文件的审查和批准。

(6)土地使用证的办理。

(7)支出情况报告的审查。

(8)施工监督的审查。

加州交通厅通过《地方资助程序操作手册》中提供的各种监测方法和措施,对子项目会计控制制度进行评估,例如:

(1)间接成本分配计划的接受和审计过程。

(2)已发生成本的审计。

(3)预授机构的审计。

(4)单一审计。

加州交通厅将评估子项目承担人是否具备能够有效完成工作的队伍和装备,以及是否具备完善的项目监管制度。评估采用以下措施、程序和流程。加州交通厅通过各种监测措施,评估子项目承担人的监管制度的完善性和开展工作的成本效益。监测措施主要包括:

(1)项目初始阶段的现场审查。

(2)关键环节(计划、规范和概算;合同签订;项目后评价)。

(3)滞后项目的监测和审查。

(4)“工程准备工作超过 10 年”。

(5)《国家环境政策法案》实施文件的审查和批准。

(6)土地使用证的办理。

(7)支出情况报告的审查。

(8)独立质量保证体系/工程设计的监督审查。

加州交通厅将评估子项目工程是否接受充分检查,确保项目完成与批准的计划和规范相一致。评估采用以下措施、程序和流程,充分检查,通过建设质量保证体系 /项目完成后监督审查和最终检验。

加州交通厅将确保当地方公共机构选择使用工程服务顾问时,顾问应能提供全职人员负责项目管理。

加州交通厅应确保工程项目能依照联邦法律和法规进行管理。交通厅将使用以下流程对子项目工程和子项目承担人进行管理。

(1)选择顾问。

(2)环保程序。

(3)设计标准。

(4)公民权利和弱势企业。

(5)会计/发票。

(6)征地拆迁。

(7)管理施工合同。

(8)合同管理,包括加州交通厅负责批准子项目承担人执行合同采购法,而不是竞争性招标采购。

加州交通厅将对地方公共机构管理的项目的监管情况记录在案,与联邦公路局共享这些信息。

加州交通厅将为联邦公路局提供年度重要监管工作的情况报告概要,介绍上一年度有关对地方管理的项目的监管情况,既包括主要的经常性监管工作情况,也包括特殊的风险防控举措。本期内确定的有关项目或工程交付方面的重要成果,其中的合理因素将成为下一步完善制度的基础。该报告概要将在联邦财政年度结束后的2个月内提供(即12月31日前),并包括若干绩效指标。

如表7-1、表7-2所示。

附件1

工程项目监管职责分配表　　表7-1

工程管理	责任机构	
	国家公路网项目	非国家公路网项目
交通提升改造项目的工程保证	加州交通厅	加州交通厅
投资类别和范围的合规性确认	加州交通厅(1)	加州交通厅(1)
授权资金额度/批准项目	联邦公路局	联邦公路局
批准当前项目预算	联邦公路局	联邦公路局
审查和批准5亿美元以上重点项目的年度资金使用计划	联邦公路局	联邦公路局
审查5亿美元以上重点项目的投资概算	联邦公路局	联邦公路局
制订1~5亿美元项目的资金使用计划	加州交通厅	加州交通厅
咨询机构的选择	加州交通厅(2)	加州交通厅(2)
单一来源咨询机构的选择	加州交通厅(2)	加州交通厅(2)
批准聘用顾问服务于“管理”角色	联邦公路局	联邦公路局
批准咨询合同签订和修订(非重点项目)	加州交通厅	加州交通厅
批准咨询合同签订和修订(重点项目)	联邦公路局	联邦公路局
超标准设计的审批	加州交通厅	加州交通厅
州际公路线路接入点的变更	联邦公路局	—
州际公路线路接入点论证报告	加州交通厅	—
协调与民航间的关系及情况调查	加州交通厅	加州交通厅
5亿美元以上重点工程管理计划的审批	联邦公路局	联邦公路局
创新性和PPP项目的审批	联邦公路局	联邦公路局
预防性维护项目的前置审批	联邦公路局	联邦公路局
州际系统大型复杂桥梁等设施初步计划的批准	联邦公路局	—
非州际系统大型复杂桥梁等设施初步计划的批准	加州交通厅	加州交通厅
对保留公路用地权利的批准	加州交通厅	加州交通厅
对使用当地强制账目协议的批准	加州交通厅	加州交通厅

续上表

工程管理	责任机构	
	国家公路网项目	非国家公路网项目
对公有设备使用的批准	加州交通厅	加州交通厅
对专用设备或工艺使用的批准	加州交通厅	加州交通厅
对使用公开材料的许可	加州交通厅	加州交通厅
项目前提工作完成前，批准施工的可行性研究	加州交通厅	加州交通厅
工程招标前的公共利益调查研究	州际公路—联邦公路局 非州际公路—加州交通厅	加州交通厅
公路用地许可证已获批	加州交通厅	加州交通厅
“困难性”和保护性采购的审批	联邦公路局	联邦公路局
州际土地权益使用协议的审批	联邦公路局	—
非公路用地的审批	州际公路—联邦公路局 非州际公路—加州交通厅	加州交通厅
联邦资助的公路用地低值处置审批	联邦公路局	联邦公路局
联邦资助的公路用地处置审批	州际公路—联邦公路局 非州际公路—加州交通厅	加州交通厅
对非联邦支出部分中、用于前期采购或其他项目支出的贷款申请	联邦公路局	联邦公路局
联邦用地的出让	联邦公路局	联邦公路局
公路用地的用途变更	联邦公路局	联邦公路局
交通管理计划的批准	加州交通厅	加州交通厅
对智能交通系统分析结果的审批	加州交通厅	加州交通厅
计划、规范和概算的审批	加州交通厅	加州交通厅
授权推进工程施工	联邦公路局	联邦公路局
公用事业或铁路强制账户工作的审批	加州交通厅	加州交通厅
公用事业或铁路工程协议的审批	加州交通厅	加州交通厅
对聘用公共事业公司顾问的审批	加州交通厅	加州交通厅
突破铁路保险最高限额的审批	加州交通厅	加州交通厅
授权(批准)招标公告	加州交通厅	加州交通厅
工程施工成本效益评估结果的审批	加州交通厅	加州交通厅

续上表

工程管理	责任机构	
	国家公路网项目	非国家公路网项目
应急反应项目合同授予的审批	加州交通厅	加州交通厅
地方机构进行施工管理的审批	加州交通厅	加州交通厅
对少于3周的招标公告的审批	加州交通厅	加州交通厅
对公告名录审批	加州交通厅	加州交通厅
合同授予的审批	加州交通厅	加州交通厅
设计—施工申请的审批	加州交通厅	加州交通厅
变更和附加工作的审批	加州交通厅	加州交通厅
合同延期的审批	加州交通厅	加州交通厅
接受认证材料	加州交通厅	加州交通厅
同意合同理赔	加州交通厅	加州交通厅
同意施工合同终止	加州交通厅	加州交通厅
执行美国免购规定	联邦公路局	联邦公路局
最终检验/验收工作	加州交通厅	加州交通厅
弱势企业项目合同的审批	加州交通厅	加州交通厅
接受投标人变更	加州交通厅	加州交通厅
平等就业机会合同合规审查	加州交通厅	加州交通厅
项目培训地点和时间的批准	加州交通厅	加州交通厅
新项目培训计划的批准	联邦公路局	联邦公路局

注：1. 加州交通厅负责保证工程各个环节和要素的合规性。联邦公路局负责检查工程施工的内容是否符合投资范畴的要求。最终的合规确认由联邦公路作出。

2. 州的工作程序的制订及修订或改变程序，需要联邦公路局批准。

附件2

项目计划监管职责分配表　　表7-2

项目管理	联邦公路局总部项目办公室	联邦公路局办事处项目管理部门
联邦资金的授权、分配和拨款	首席财务官办公室	财务服务部
间接费用分配计划的批准	首席财务官办公室	财务服务部
财务审查计划	首席财务官办公室	财务服务部
审计协调/联邦财务报告审计/州内、外部审计审查	首席财务官办公室	财务服务部

续上表

项 目 管 理	联邦公路局总部 项目办公室	联邦公路局办事处 项目管理部门
不合理付款的审查	首席财务官办公室	财务服务部
项目间资金调剂	首席财务官办公室	财务服务部
州交通厅财务管理制度的审查	首席财务官办公室	财务服务部
子项目交付制度和会计控制制度的检查	首席财务官办公室	财务服务部
对子项目监控体系的定期检查	基础设施办公室	工程项目管理部
增加联邦投资协议的批准	首席财务官办公室	财务服务部
准备/年度分析和纠正行动计划(如有必要)	公民权利办公室	绩效管理部
在职培训目标完成情况的检查	公民权利办公室	绩效管理部
在职培训支持服务资金请求的批准	公民权利办公室	绩效管理部
未使用的可自由裁量资助项目资金的返还	公民权利办公室	绩效管理部
有关支持性服务报告的准备和审查	公民权利办公室	绩效管理部
年度承包人就业报告的准备和审查	公民权利办公室	绩效管理部
州交通厅就业统计数据的准备和审查	公民权利办公室	绩效管理部
年度联邦项目授予报告的准备和审查	公民权利办公室	绩效管理部
《残疾人法案》实施情况调查报告的准备和审查	公民权利办公室	绩效管理部
《残疾人法案》项目计划完成情况和下年目标的审查	公民权利办公室	绩效管理部
夏季运输机构未用完资金的返还	公民权利办公室	绩效管理部
国家夏季运输机构提案申请的准备和审查	公民权利办公室	绩效管理部
国家夏季运输机构调查报告的准备和审查	公民权利办公室	绩效管理部
咨询顾问选择办理程序的审批	基础设施办公室	工程项目管理部
对州际项目的限制类别	基础设施办公室	工程项目管理部
州 3R 项目的审批	基础设施办公室	工程项目管理部

续上表

项目管理	联邦公路局总部 项目办公室	联邦公路局办事处 项目管理部门
国家公路网(含州际系统)设计标准的验证	基础设施办公室	工程项目管理部
州际公路系统重大桥梁初步计划的审批	基础设施办公室	技术服务部
州标准规范的审批	基础设施办公室	工程项目管理部
与联邦公路局政策相符的州设计例外政策的验证	基础设施办公室	工程项目管理部
州标准详细规划的审批	基础设施办公室	工程项目管理部
路面设计政策的审批	基础设施办公室	技术服务部
价值工程的政策和程序审查	基础设施办公室	工程项目管理部
价值工程年度报告的审查	基础设施办公室	工程项目管理部
州际系统接入请求的审批	基础设施办公室	工程项目管理部
违约金率的审批	基础设施办公室	工程项目管理部
质量保证计划的审批	基础设施办公室	工程项目管理部
保证中心实验室的认证程序和认证审批	基础设施办公室	技术服务部
独立担保年度报告的审查	基础设施办公室	技术服务部
确保劳工现行工资率的合规	基础设施办公室	绩效管理部
合规的预防性维修—延长使用寿命方法的测定	基础设施办公室	技术服务部
实用协议/替代程序的审批	基础设施办公室	项目开发部
公共安置政策的审批	基础设施办公室	项目开发部
桥梁施工、岩土工程和水利的审查	基础设施办公室	技术服务部
结构缺陷桥梁建设成本的审查	基础设施办公室	技术服务部
减少非系统桥梁支出的审批	基础设施办公室	技术服务部
州资产管理计划充分性合理性的判定	基础设施办公室	技术服务部
州资产管理开发计划流程的认证	基础设施办公室	技术服务部
绩效目标报告的审查	基础设施办公室	绩效管理部
国家公路系统绩效完成计划的审查	基础设施办公室	绩效管理部

续上表

项 目 管 理	联邦公路局总部 项目办公室	联邦公路局办事处 项目管理部门
紧急救援损失评估和报告	基础设施办公室	工程项目管理部
地方公共机构的监管	基础设施办公室	工程项目管理部
出售、租赁等处置联邦资金购买的渡轮的审批	基础设施办公室	项目开发部
领土公路项目——领土协议的批准	基础设施办公室	项目开发部
创新性项目信贷计划	创新项目办公室	财务服务部
州基础设施银行	创新项目办公室	财务服务部
收费授权申请	创新项目办公室	技术服务部
高承载车道收费授权申请	创新项目办公室	技术服务部
价值定价试点收费授权申请	创新项目办公室	技术服务部
重建和改建试点项目收费授权申请	创新项目办公室	技术服务部
收费公路收入和维修资金年度审计报告的提交	创新项目办公室	技术服务部
重点项目的工程管理计划的审查	创新项目办公室	工程项目管理部
重点项目的财务计划审查	创新项目办公室	工程项目管理部
非重点项目的财务计划审查	创新项目办公室	工程项目管理部
主要货运网络设计的审查	运营管理办公室	技术服务部
国家货运战略计划发展与更新的审查	运营管理办公室	技术服务部
货运状况和绩效报告的审查	运营管理办公室	技术服务部
收费车道和低排放车使用高承载车道运营报告审查	运营管理办公室	技术服务部
拥堵伙伴关系评估	运营管理办公室	技术服务部
运营管理支持计划	运营管理办公室	技术服务部
交通事故管理自评	运营管理办公室	技术服务部
工作区自评	运营管理办公室	技术服务部
州交通管制手册的审批	运营管理办公室	技术服务部
车辆尺寸及重量强制计划的审查	运营管理办公室	技术服务部
车辆尺寸及重量强制认证的审查	运营管理办公室	技术服务部
国家公路网修订的批准	运营管理办公室	技术服务部

续上表

项 目 管 理	联邦公路局总部 项目办公室	联邦公路局办事处 项目管理部门
智能交通系统体系的结构与标准	运营管理办公室	技术服务部
重点项目工作区确定的审批	运营管理办公室	技术服务部
州际项目工作区程序例外情况的审批	运营管理办公室	技术服务部
工作区政策和程序一致性审查的审批	运营管理办公室	技术服务部
工作区安全性和流动性程序审查	运营管理办公室	技术服务部
州规划工作计划及修订的批准	计划、环保和用地管理办公室	项目开发部
州研发展工作计划的批准	计划、环保和用地管理办公室	项目开发部
州基金的发行公式——基金的分配公式的批准	计划、环保和用地管理办公室	项目开发部
州公众参与程序的审查	计划、环保和用地管理办公室	项目开发部
非城市地方官员的(州)协商流程的认证	计划、环保和用地管理办公室	项目开发部
州域交通中长期规划的审查	计划、环保和用地管理办公室	项目开发部
州域交通提升项目的审批	计划、环保和用地管理办公室	项目开发部
州域交通提升项目修订的审批	计划、环保和用地管理办公室	项目开发部
规划流程合规性的调查	计划、环保和用地管理办公室	项目开发部
规划流程合规性州认证的审查	计划、环保和用地管理办公室	项目开发部
城市交通规划委员会统一规划工作程序的审批	计划、环保和用地管理办公室	项目开发部
非城市化地区的计划资金使用的审批	计划、环保和用地管理办公室	项目开发部
城市规划区域边界的审查	计划、环保和用地管理办公室	项目开发部
城市交通规划组织认证的审查	计划、环保和用地管理办公室	项目开发部
达标或非达标区城市规划协议的审查	计划、环保和用地管理办公室	项目开发部
城市规划委员会公众参与程序的审查	计划、环保和用地管理办公室	项目开发部
达标地区城市交通规划的审查	计划、环保和用地管理办公室	项目开发部
非达标和维持地区的城市交通规划的审查	计划、环保和用地管理办公室	项目开发部
城市交通规划修订的审查	计划、环保和用地管理办公室	项目开发部
交通提升项目的审查	计划、环保和用地管理办公室	项目开发部

续上表

项目管理	联邦公路局总部项目办公室	联邦公路局办事处项目管理部门
交通提升项目修订的审查	计划、环保和用地管理办公室	项目开发部
交通提升项目空气质量合格测定的审批	计划、环保和用地管理办公室	项目开发部
规划流程一致性的联邦调查	计划、环保和用地管理办公室	项目开发部
城市规划流程合规性的认证	计划、环保和用地管理办公室	项目开发部
联邦资助城市边界的审批	计划、环保和用地管理办公室	项目开发部
功能分类修订的审批	计划、环保和用地管理办公室	项目开发部
州际公路增补和修订的审批	计划、环保和用地管理办公室	项目开发部
国家公路网增补和修订的审批	计划、环保和用地管理办公室	项目开发部
节能减排年度报告的审查	计划、环保和用地管理办公室	项目开发部
地方技术援助项目中心工作计划和预算的审批	计划、环保和用地管理办公室	项目开发部
公众参与项目程序的审批	计划、环保和用地管理办公室	项目开发部
《国家环境政策法》实施程序的审批	计划、环保和用地管理办公室	项目开发部
噪音控制政策的审批	计划、环保和用地管理办公室	项目开发部
电子信息系统升级	计划、环保和用地管理办公室	项目开发部
濒危物种法案成本报告	计划、环保和用地管理办公室	项目开发部
生态保护示范试点的申请	计划、环保和用地管理办公室	项目开发部
采购、评估和搬迁计划、手续的审批	计划、环保和用地管理办公室	项目开发部
前期政府采购	计划、环保和用地管理办公室	项目开发部
地方公共机构的监管	计划、环保和用地管理办公室	工程项目管理部
公路设施停工的审批	计划、环保和用地管理办公室	项目开发部
公路用地处置授权申请的审批	计划、环保和用地管理办公室	项目开发部
公路用地操作指南、更新和认证的审批	计划、环保和用地管理办公室	项目开发部
州际用地使用协议的审批	计划、环保和用地管理办公室	项目开发部
联邦土地转让申请的审批	计划、环保和用地管理办公室	项目开发部
直接联邦购买申请的审批	计划、环保和用地管理办公室	项目开发部
户外公告政策及程序的审批	计划、环保和用地管理办公室	项目开发部

续上表

项目管理	联邦公路局总部 项目办公室	联邦公路局办事处 项目管理部门
非标准标志、显示器和设备豁免申请的审批	计划、环保和用地管理办公室	项目开发部
铁路协议替代程序的审批	计划、环保和用地管理办公室	项目开发部
统一搬迁资助及土地购买报告的审查	计划、环保和用地管理办公室	项目开发部
土地购买统计报告的审查	计划、环保和用地管理办公室	项目开发部
技术开发/转让计划管理和选择程序及认证审批	计划、环保和用地管理办公室	项目开发部
对州的技术研发及转让计划管理的定期审查	计划、环保和用地管理办公室	项目开发部
年度交通报告	政策信息办公室	绩效管理部
年度地区审查报告的核准	政策信息办公室	绩效管理部
公路里程认证的审批	政策信息办公室	绩效管理部
数据提交审批	政策信息办公室	绩效管理部
公路统计报表	政策信息办公室	绩效管理部
车辆燃油报告	政策信息办公室	绩效管理部
车辆和司机	政策信息办公室	绩效管理部
公路融资	政策信息办公室	绩效管理部
交通债券公投	政策信息办公室	绩效管理部
州交通厅/收费批准审计和年度报告发布	政策信息办公室	绩效管理部
公路融资与税收立法	政策信息办公室	绩效管理部
州交通厅预算和年度报告发布	政策信息办公室	绩效管理部
机动车燃油监督审查	政策信息办公室	绩效管理部
两年一次的全国收费公路检查	政策信息办公室	绩效管理部
州公路分布图	政策信息办公室	绩效管理部
交通流量分布图	政策信息办公室	技术服务部
车辆分类数据	政策信息办公室	绩效管理部
公路使用税逃税判定	政策信息办公室	绩效管理部
重型车辆使用税—支付凭证验证证明认证	政策信息办公室	绩效管理部

续上表

项目管理	联邦公路局总部 项目办公室	联邦公路局办事处 项目管理部门
重型车辆使用税—州项目的三年期审查	政策信息办公室	绩效管理部
车辆分类数据	政策信息办公室	绩效管理部
移动称重地点收集的车辆重量和分类数据	政策信息办公室	绩效管理部
公路安全提升项目和公铁交叉项目报告	安全管理办公室	技术服务部
交通安全设施的性能管理	安全管理办公室	技术服务部
审查吸毒者驾驶执照吊销执法情况	安全管理办公室	技术服务部
保留资金的合规状态	安全管理办公室	技术服务部
审查安全带的合规状态	安全管理办公室	技术服务部
高风险农村公路专用规则	安全管理办公室	技术服务部
老年驾驶员和行人专用规则	安全管理办公室	技术服务部
联邦公路局应急响应项目	运营管理办公室	技术服务部

第八章　联邦资助项目预算授权情况

一、联邦投资公路项目

联邦资助公路项目(FAHP)是联邦公路局所管理的各公路项目的总称。自20世纪20年代开始,联邦政府投资公路项目已有近百年的历史。联邦政府投资公路项目具有以下主要特征:

(1)绝大部分项目资金通过法定公式进行分配,主要通过州级交通运输主管部门实施。

(2)需要各州配套资金,直到20世纪50年代,州和联邦之间需要1:1配套资金。目前,联邦投资的份额,非州际公路项目是80%,州际公路项目是90%。

(3)在一般情况下,联邦资金只能投资联邦公路项目(大约占全国公路的1/4)。

(4)联邦资金全部用于项目建设,通常不用于运营或日常维护。

2012年颁布的MAP-21法案,重新构建了联邦资助公路的核心项目,包括全国公路系统项目、州际公路维护项目、公路桥梁项目等都被纳入了新的核心项目框架:国家公路绩效项目(NHPP)、陆路运输项目(STP)、缓解交通拥堵及空气质量改善项目(CMAQ)、公路安全项目(HSIP)和交通运输替代项目(TA)。

二、联邦资助公路项目实施

联邦资助公路项目要求各州要制定州交通运输规划,通过规划对联邦资金的使用预先谋划。州交通运输主管部门主要负责确定建设项目、签订项目合同、监管项目进展等工作。近年来,城市规划组织(MPOs)在制定城市项目规划中发挥着越来越重要的作用,但联邦投资项目仍旧通过州交通运输主管部门实施。

在2012年签署的MAP-21法案中,92%的联邦资金分配是通过五个法定核心项目实施的,这意味着每个州对每个项目的年度预算授权,基于法定公式计算分配。核心项目之外的其他项目,通常是指由联邦公路局直接管理的可选择项目,但MAP-21法案也要求其中的一些资金采用法定公式计算分配。联邦资金的支付不是采用预付款的方式,而是事前授予各州相应的支出额度,只有当一定的工程量完成后,采用报销的方式支付。即承包商完成一定的工程量后,将清偿凭证逐级提交给联邦公路局,联邦公路局向财政部提出支付申请,财政部通过电子账户将资金支付给所在州的银行,通常在同一天州将资金支付给承包商。

与其他大多数联邦项目不同,联邦公路项目并不采用拨款预算授权的方式,而是采用合约授权从公路信托基金中支付。这种预算方式,规避了公路建设项目必须年度拨款的规定。

三、联邦公路项目资金授权

经过10年持续增长的预算授权后,公路信托基金收入的减少导致了对联邦预算授权的消减。2012年颁布的MAP-21法案只为公路联邦公路项目投资提供了一个最基本的水平,公路项目和科研教育类授权在2013年和2014年两年年均为410亿美元(表8-1)。

MAP-21法案联邦公路项目预算授权情况 (单位:百万美元) 表8-1

项目		联邦份额(%)	2013年	2014年	合计
核心项目	国家公路绩效项目(NHPP)	80	21752	21936	43687
	陆路运输项目(STP)	80	10005	10090	20095
	公路安全项目(HSIP)	90	2390	2411	4801

续上表

项目		联邦份额(%)	2013年	2014年	合计
核心项目	缓解拥堵和空气质量改善项目(HSIP)	80	2209	2228	4437
	交通运输替代项目(TA)	80	809	820	1629
	小计	—	37165	37484	74649
一般项目	城市交通运输规划项目(HSIP)	80	312	314	626
	交通基础设施融资创新项目(TIFIA)	—	750	1000	1750
	部落交通项目	100	450	450	900
	联邦土地交通项目	100	300	300	600
	联邦土地通道项目	100	250	250	500
	领土和波多黎各公路项目	80	190	190	380
	行政管理费用	—	454	440	894
	紧急救援项目	80~100	100	100	200
	国家和地区重点项目	80	500		500
	渡口码头设施建设项目	80	67	67	134
	部落优先项目	80	30	30	60
小计		—	40568	40625	81193
支出限额		—	39699	40256	79955
科研教育		50~80	400	400	800
合计		—	40968	41025	81993

四、核心项目的资金分配

和以往的预算授权法案不同，MAP-21法案对核心项目的资金分配，没有采用各不相同的公式确定分配额度，而是采用了统一的分配公式确定项目的年度预算授权。

(1)对2014年的资金分配，各州可分配的额度为各州的“初始数量”(2012年的分配额)，加上年度的增量分配数额。但会保证各州分得的额度不少于其对公路信托基金公路账户贡献额的95%。即使在最近几年公路支出超过收入的时候,也基本不会调整。

(2)城市规划项目和CMAQ项目资金分配,基于2009年各州的相对比例,从其初始数额中预留。

(3)剩余资金在三个核心项目中分配:63.7%分配给国家公路绩效项目,29.3%分配给陆路运输项目,7%分配给公路安全项目(其中2.2亿美元留给公铁交叉项目)。

交通运输替代项目(TA)的分配,通过一系列的预留资金,保持在MAP-21法案授权的公路项目和科研教育资金总量的2%的水平。各州的核心项目和城市规划项目分配额将按比例消减给各州的交通运输替代项目。在MAP-21法案下,五个核心项目2014年预算授权额度为375亿美元。

五、2014年项目预算概要

2012年7月,奥巴马总统签署了《在21世纪中前进》(MAP-21)法案。该法案是美国经济和交通网络的一个里程碑,它不仅为交通发展提供了稳定的资金来源,更重要的是,它改变了指导国家重要交通系统的政策和规划框架。

MAP-21法案创造了就业机会,强化了交通系统,刺激了经济增长。同时,法案提供了时间跨度为2年的资金用于建设公路、桥梁、隧道等,保持了国家经济的竞争力。这意味着承包商和建筑公司能够规划大项目和制订用工计划,使部分美国人回到工作岗位。联邦公路管理局在2014年预算申请拨款410亿美元,用于提升国家公路和桥梁基础设施的性能和绩效。

随着MAP-21法案有关创造就业机会和改善基础设施等关键条款的继续实施,总统正在寻求利用这一势头。2014年的总统预算申请拨款500亿美元开启经济投资计划并重塑美国。这些资金将用于创造美国本土就业机会,同时为下一代提升交通基础设施。资金将用于机场、公路、公交和铁路项目。总统正在提议的一个直接交通投资计划,将直接投资400亿美元用于加强公路、桥梁、公交系统和机场等维护和创造就业机会,同时提议100亿美元的创新交通投资计划。作为这些提议的一部分,联邦公路管理局申请拨款270亿美元,其中包括250亿美元用于国家重要基础设施和20亿美元用于跨境运输陆路入境口岸(LPOE)。

2014年预算申请反映了MAP-21法案设定的项目结构和以绩效为基础的投资方式,其简化了交通项目的结构和提供了资金使用的灵活性。此外,每个项目要求对基于绩效的目标进行监控和实现,这将使联邦资金更高效地投资国家重点交通项目,增加联邦公路项目投资的问责性和透明性,提升交通投资决策能力。

2014年预算申请将提供所需要的资金用以维护和提升国家公路系统的安全、性能和绩效,并确保联邦公路管理局对公路项目和资金提供有效的管理和监督。以下是2014年项目预算申请的概要。

(一)国家公路绩效项目(NHPP)

美国国家公路绩效项目(219亿美元),是针对系统维护和现代化并最终挽救生命的扩大的国家公路系统(NHS)。该网络是由22万英里的主要人口中心区、国际边境口岸、多式联运设施以及主要交通中心的农村和城市道路组成。其包括州际公路系统,所有主要干道,联运枢纽和有关机动性、商贸、国防、联运连接的其他道路。通过基于绩效的方式,该项目将维持或提升国家公路系统(NHS)的性能和绩效,建设新的国家公路设施,确保联邦资金的投资实现特定的绩效目标。

该项目的绩效基础,将通过每个州的资产管理计划进行定义。这些计划旨在改善或保持资产性能和系统绩效,并会包含以下信息:国家公路系统路面和桥梁资产及其性能状况;资产管理的目标和措施;绩效差别鉴定;全生命周期成本和风险管理分析;财务计划;投资策略。该资产管理计划将被审查并定期更新,以确保最低绩效标准。

（二）陆路运输项目（STP）

陆路运输项目（101 亿美元）为各州和地方提供了灵活的资金用于项目建设，以保持或提升联邦公路、桥梁和安全项目，以及非机动运输、公交项目、公共巴士站点等设施的性能和绩效。该项目资金的灵活特性，可确保各州能够直接用到最需要的领域。

陆路运输项目（STP）为各种符合条件的项目提供资金。符合条件的项目范围，既包括传统的公路、桥梁建设和维护，也包括一些创新项目，如电力和天然气汽车充电基础设施和电子收费设施。项目的灵活性，为各州提供了机会，以提高和保持其重要基础设施，同时也促进交通创新。

（三）公路安全项目（HSIP）

安全仍是第一要务。公路安全项目（24 亿美元）旨在显著减少公路交通事故人员死亡和伤害。该项目强调一个数据驱动的战略方针，以提升基于绩效的公路安全。这种方式的基础是一个安全的数据系统，该系统能够识别关键的安全问题，建立相对的严重程度，然后采取战略和绩效为基础的目标，以最大程度地提高安全性。每个州将制订并定期更新州公路安全战略计划，采取措施解决关键安全问题。

安全绩效将通过各州制定的安全目标（死亡和重伤人数、每车公里发生的事件数量）进行监测。此外，各州还将监测有关年老司机和高危农村公路的安全绩效。

（四）缓解交通拥堵和空气质量改善项目（CMAQ）

缓解交通拥堵和空气质量改善项目（23 亿美元）为州和地方政府的交通项目提供了一个灵活的资金来源，以帮助满足清洁空气法的要求。资金可用来减少交通拥堵和改善空气质量，但只能用于臭氧、一氧化碳、颗粒物等的国家环境空气质量标准未达到的地区（未达标地区）或是目前已符合标准但以前未达标的地区（维持地区）。

该项目将纳入绩效测量,将评估交通拥堵和道路机动车排放情况。每个拥有超过100万人口且交通管理区域属于未达标或维持地区的城市规划组织,将制订并每两年更新绩效计划,以实现空气质量和交通拥堵缓解目标。

(五)交通运输替代项目(TA)

交通运输替代项目(8.2亿美元)提供资金,以扩大交通选择和提升运输经验。符合条件的项目,包括步行、自行车基础设施,安全项目,风景名胜的公路项目,园林绿化美化景区、历史保护和环境缓解项目。

(六)城市交通规划项目(MTP)

城市交通规划项目(3.14亿美元)提供资金,以改进城市和州区域的交通规划流程。以绩效为基础的交通决策,将用于支撑国家目标和城市规划组织管理的重要成果。规划过程中,会为提高安全性的,支撑经济活力的,增加便利性、流动性和连通性、保护和改善环境的项目予以特别考虑,进而强调现有基础设施的保护并提高交通系统的安全性。

(七)联邦土地和部落交通项目(MTP)

联邦土地和部落交通项目(10亿美元),为在联邦和部落土地上(或通向该区域)的交通项目提供资金。通过该项目,这些土地上的交通项目,将享受和联邦投资公路等交通设施相统一的投资政策。

(1)联邦土地交通项目。提供3亿美元提升联邦政府拥有交通基础设施,进而提升联邦土地(如国家森林、国家休闲区)上的交通便利性。

(2)联邦土地通道项目。提供2.5亿美元提升进入联邦土地范围的通道项目(由各州和地方政府拥有)。

(3)部落交通项目。提供4.5亿美元提升进入和部落土地范围内的交通项目。

(八)交通基础设施融资与创新项目(TIFIA)

交通基础设施融资与创新项目(10亿美元),撬动稀缺的联邦预算资金,促进了私人资本投资交通项目和融资机制创新。通过该项目,联邦信贷援助能够提供给公路、公交、铁路和联运货运项目。10 亿美元的投资,将支持大约 100 亿美元的实际放贷能力。

(九)研究、技术和教育项目

研究、技术和教育项目(4 亿美元)是一个灵活的、全国范围内的研究和技术项目,用于满足根本的、长期的公路研究的需要,如显著的研究空白、对国家将产生潜在影响的新问题和相关政策和规划研究。所有研究活动将包括绩效衡量和评价的组成部分,将是基于成果的并会与研究及技术发展战略规划相一致。

(1)公路研究和开发项目。提供 1.15 亿美元用于研究公路安全、基础设施完整性、规划和环境、公路运营等相关活动。

(2)技术和创新部署项目。提供 6250 万美元,以加快实施和交付新的创新技术,从而受益于公路交通的各个方面。其中,至少 1200 万美元的资金必须用于加速路面技术的部署和实施。

(3)培训和教育。提供 2400 万美元,培训当前和未来的交通职工队伍,迅速有效地传递知识。

这些联邦公路管理局管理的项目,将应用创新技术来构建和维护国家的公路、桥梁和隧道,这使公路系统保持在良好的状态。此外,这些项目将帮助更快速地提供交通项目和鼓励创新,进而刺激经济增长。研究、技术和教育项目的预算申请,也包括 1.98 亿美元的几个由助理国务卿研究和技术办公室管理的几个项目:一是智能交通项目(1 亿美元),二是大学交通中心项目(7250 万美元),三是运输统计局项目(2600 万美元)。

(十)其他项目

其他项目(3.57 亿美元)由三部分组成:

(1)紧急救援项目。提供 1 亿美元协助联邦、州、部落和地方政府,修复由于自然灾害或灾难性事故而严重损坏的公路项目。

(2)波多黎各地区公路项目。提供1.9亿美元投资在美国领土和波多黎各的公路项目。

(3)渡口和码头设施建设项目。提供6700万美元建造渡口和渡口码头设施,将提升与国家公路系统(NHS)的连通性,提供出行方式的选择和减少交通拥堵。

(十一)行政管理费

总量为4.66亿美元的行政管理费,包括联邦公路管理局和阿巴拉契亚地区委员会(ARC)的一般业务费用(GOE),以及其他费用和项目(包括岗位培训、弱势企业、公路使用税逃税项目以及其他与安全相关的项目)。

为有效监督上述项目活动,联邦公路管理局将需要4.3亿美元的管理费用用于人员工资和其他支持服务,并为阿巴拉契亚地区委员会的管理费用额外拨款320万美元。这些资金是联邦公路管理局和阿巴拉契亚地区委员会,履行关键监督职能和成功实施预算资金项目所必需的。

2014年行政管理费用的预算申请数额,与2010年费用水平相比,交通费减少30%、印刷费减少45%、咨询服务费减少25%、日用品和宣传费减少10%。

附件一　1916 年法案奠定联邦资助公路的基础

自 19 世纪中叶以来，公路一直被公认为是州和地方政府的责任。如果州和地方政府听任公路状况恶化，那就会恶化，那是他们的选择，因为那是一个私营铁路占统治地位的时代，国家并不关注公路。

这种局面在 19 世纪 90 年代开始发生变化。当时自行车的兴起使得公路重新引起关注。新泽西州于 1891 年第一个采用了“州资助”计划，在该计划下，州政府拨付资金到县用于公路状况的改善。联邦政府于 1893 年设立了公路调查办公室，向州和地方政府提供改善公路的技术和方法等方面的支持。

20 世纪初，联邦政府特别代理马丁·道奇开始倡导一种类似“联邦资助”的理念。道奇的助手起草了一份联邦资助提案，于 1902 年 12 月提交给美国国会。该提案建议设立一个公共道路管理局来管理每年 2000 万美元的联邦资助资金，拨付给愿意支付公路建设成本 50% 的州或县；联邦政府提供公路规划和标准，州或县监管实施。

但该提案未引起国会的重视。许多国会议员都不相信联邦政府会得到法律允许去承担这样一个项目计划。一些人质疑这一项目计划的实施，将意味着国家财政资金的持续流出。在随后的十年中，又有许多其他的类似提案，但都被分配给各种委员会而被迅速遗忘。几个因素逐渐改变了当时这种不愿接受“联邦资助”理念的状况：

首先，农民越来越多地参与，增强了公路在日常生活中的重要性。最初农民反对用征税来改善公路状况，但随着农村免费邮递服务（RFD）（其依赖于畅通无阻的公路）的兴起，农民变成了改善公路状况的热情支持者。

其次,20 世纪早期汽车的兴起改变了当时的状况,特别是 1908 年以后亨利·福特推出了普通人能买得起的低价位的 T 型车。汽车司机力量的不断增长,反映在美国汽车协会(AAA)上,成为实施联邦资助公路发展的最有力的支持者之一。

第三,最高法院解决了法律问题。在 1907 年的一个案例中,威尔逊·戴维法官写道:国会有权通过“建设州际公路”在宪法授权下调控州际商贸。

第四,1914 年 12 月美国州公路官员协会(AASHO)的成立,给各州一个有效的呼声来支持国家公路改造计划。

最后,关键人物的出现。洛根·沃·佩奇于 1905 年成为公共道路办公室(OPR)主任。佩奇是一位科学家,他身上体现着成长进步时代(1900—1920)的时代精神。他认为科学家能很好地解决国家的公路问题,通过运用政治智慧,基于确凿的数据,摒除政治腐败的影响。

1912 年,对联邦政府需要发挥作用的日益增强的呼声要求,反映在一项由众议院以 240 票对 86 票通过的一改造公路的提案上。该提案提出了一个 2500 万美元的租金计划,通过该计划,联邦政府将“租金”拨付给县,为改善农村邮政线路使用。该款项将用于道路改善,帮助农民走出泥泞。

但参议院未能采纳此项租金计划,部分原因是美国汽车协会和其他司机群体的反对。美国汽车协会认为,国家公路项目应继续进行改造,如铁路发展那样,应该先建设最重要的干线动脉线路。

这种根本性的意见分歧,必须要在联邦资助计划实施前予以解决。农民希望全天候的、农场到市场的公路。司机群体和汽车行业需要硬化路面的州际公路。面对这些相互冲突的观点,国会决定从两方面着手研究解决。首先,邮政部于 1913 年将年度预算拨款 50 万美元用于改善邮政线路的试点项目计划,该款项将拨付给愿意支付项目成本 2/3 的州或当地政府。其次,授权国会联合委员会准备关于提供联邦资助公路问题的报告。

邮政线路项目计划被各种问题所困扰。许多州和地方官员对公共道路办公室(OPR)实施的项目监督表示不满。国会的一份报告显示,地方官员

"经常规避现行法律的明确规定",州和地方官员也反对联邦政府的一些规定和要求,如联邦法令要求工人每天工作8小时和1915行政命令禁止罪犯从事有关政府事务的劳动。

最终,邮政线路项目计划覆盖了17个州28个县735公里的道路。虽然这些数字令人失望,但为后来联邦资助计划的实施提供了宝贵的经验。其中,最重要的成果是认识到了联邦资助应该只到州而不能到县。因为公共道路办公室(OPR)规模小,不可能与3000个县一起工作,但每一个县都要有自己的公共工作机构。

对联邦公路项目的认真考虑始于1916年年初,当时众议院议员们遵行的联邦资助计划是授权2500万美元改造农村邮政线路,联邦政府的出资比例为30%~50%。该项资金将分配给各州的依据:一半考虑人口因素,另一半考虑农村邮政线路里程因素。各州将依据联邦的规划和评估选择项目。所有工作都必须在各州的监管下进行。从1920年开始,任何接受联邦资助的州必须要设立州公路管理局。众议院于1916年1月25日以281票对81票批准了该项计划。

各界对该计划的反响是复杂的。《南方好路》杂志对此持支持态度并总结为:"……该法案是马高、牛壮、猪强。这是纯粹的商业行为,没有一点的感情因素。"

相比之下,反对者认为分配给各州的资助与需求相比太少。也有人质疑,花那么多资金用于公路,而且当时欧洲战争已经爆发,国防需要资金。还有一些人担心国家和地方官员会利用联邦资助资金支持"政治分肥"项目,即奖励政治支持者;直接的联邦公路网项目建设是解决这一问题的答案。

美国州公路官员协会(AASHO)成立后,首先要做的是起草一个联邦资助提案提交国会。但协会最初努力失败了,主要是因为人口稠密的州(路网发达)和人口较少的州之间的利益冲突。

美国州公路官员协会(AASHO)的提案建议拨款7500万美元在未来五年内将通过因素法分配给各州:1/3基于领土面积,1/3基于人口,1/3基于农村邮政路线里程。联邦出资的份额是50%，但每英里支付不超过1万美元。每个州必须设州公路管理局选择“农村邮路”的项目，但他们必须提交他们的项目计划以及调查、计划、规范和评估到联邦农业部批准。所有改造的公路必须免费通行且必须由州进行维护。

1916年5月8日，参议院批准了一项提案，除了授权7500万美元的联邦资助公路项目计划外，还批准了1000万美元(100万美元/年，10年)用于国家森林公园的道路改造。

随后国会参众两院针对联邦资助公路项目计划进行了广泛深入的辩论，其中争论的重点是资金在各州之间如何分配以及城市地区是否可以获得拨款等问题。1916年6月27日，两院经过争论和相互妥协后，批准了联邦资助公路项目计划。

1916年的联邦资助公路法案，要求每个州设公路管理局并配备工程技术人员执行联邦资助项目计划。1916年的法案通过聚焦农村邮政线路项目(而不是干线公路)服务于社会功能，即提升农村人口的生活质量。正如历史学家布鲁斯西利说的，“通过将这一愿景，全国的第一个公路政策就结合了经济效率和社会发展进步的目标。”

1916年7月11日，威尔逊总统在白宫举行了法案的签字仪式，国会议员、美国汽车协会(AAA)、美国州公路官员协会(AASHO)和农场组织的代表出席。联邦—州共同协作的联邦资助公路项目计划开始实施。

附件二　联邦和州的合作伙伴关系（1916～1939年）

联邦资助公路项目计划（始于1916的联邦资助公路法案），开始时进展非常缓慢。其第一年仅获得了500万美元的拨款。然而，最为糟糕的是1917年4月美国卷入了第一次世界大战，造成人员短缺、材料短缺及材料运输的运力短缺。

此外，由于当时铁路不能满足军事运输的需要，卡车运输获得了难得的发展机遇。其结果是，公路状况不仅未能有效改善，反而遭到了意想不到的重装卡车的破坏而不断恶化。

当1918年战争结束时，对联邦资助公路项目计划的需求发生了显著变化。项目计划的某些特征，如"农村邮政线路"的界定和1万美元/英里的限制等，在许多州构成了发展的障碍。同时，项目选择和决定权掌握在各州公路官员手中，导致项目分散，州际或州内的项目之间互不联通。

1919年初，托马斯·麦克唐纳德成为联邦公共道路局（BPR）新的领导人。他面临的最大问题是干线公路和农村公路倡导者之间的利益分歧。他给出的答案是与美国州公路官员协会（AASHO）密切合作，并体现在1921年的联邦公路法案中。

1921年法案提出，联邦资金要限制在联邦资助公路系统上，不能超过各州公路总量的7%。系统的3/7必须由"州际特性"的公路组成。60%的联邦资助资金要用于州际公路上。

通过保留联邦资助的理念，1921年法案也满足了农村公路的发展需求。在项目安排上，州公路局可以适当考虑地方政府的需求。

在与州公路局的合作中，联邦公共道路局（BPR）于1923年11月完成了联邦资助系统的界定工作。包含了总计 27.2 万公里或 5.9% 的公共道路。联邦资助系统随着各州完成的工作情况而不断扩展。

20 世纪 20 年代是公路发展的“黄金时代”。仅 1922 年，联邦资助项目共计完成 16500km，总投资 1.89 亿美元，是 1916 年以来的三倍。

在 20 世纪 30 年代，联邦资助公路项目计划受到了经济大萧条的影响。联邦资金从服务于交通项目转移到了服务于提供就业的项目上。同时，在国会内外越来越多地呼吁发展州际高速公路和收费公路，以适应当时日益强大的新型汽车行业的发展需求。

1935 年 5 月，德国开通了第一条高速公路，即德国的“帝国高速公路”。许多美国的官员和工程师访问德国参观了运行中的这条高速公路并留下了深刻印象，其中一位官员称这是“最优秀的现代公路建设的一个绝妙的例子”。不仅如此，高速公路先行建设不仅满足了交通需要，而且实现了可观的经济效益并且疏通了城市拥堵。当时的美国官员认为，对美国而言，高速公路最基本的需求在于缓解城市日益严重的交通拥堵问题。

麦克唐纳德认为，到了这一时期，美国公路的发展应该开展下一阶段的工作了。联邦资助系统将在 20 世纪 30 年代末完成。虽然农村路网还有许多部分尚未铺装，但几乎都已经接受了初步的“治疗”。正如麦克唐纳说在 1935 年的一篇文章说的，“我们已经达到了发展的一个拐点，从此我们再也不能忽视干线公路的发展需求了。”

为提供规划未来公路网所需的数据，麦克唐纳德致力于公路规划的调查，调查的目标是获得全国公路交通的综合状况。

基于州域的调查分析，联邦公共道路局（BPR）准备了收费公路和免费公路两个规划构想。这份报告成为罗斯福总统在 1939 年对区域间公路系统总体规划的基础。这个规划为发展未来的州际公路系统奠定了基础。